스베덴보리

Swedenborg

1996 by The Swedenborg Association

스베덴보리

ⓒ 미국 스베덴보리협회, 2020

초판 1쇄 발행 2020년 9월 9일

지은이 　 다이제츠 다이타로 스즈키
번역 　 오석제
펴낸이 　 이기봉
편집 　 좋은땅 편집팀
펴낸곳 　 도서출판 좋은땅
주소 　 서울 마포구 성지길 25 보광빌딩 2층
전화 　 02)374-8616~7
팩스 　 02)374-8614
이메일 　 gworldbook@naver.com
홈페이지 　 www.g-world.co.kr

ISBN 　 979-11-6536-731-2 (03200)

이 도서의 국립중앙도서관 출판예정도서목록(CIP)은 서지정보유통지원시스템 홈페이지(http://seoji.nl.go.kr)와 국가자료공동목록시스템(http://www.nl.go.kr/kolisnet)에서 이용하실 수 있습니다. (CIP제어번호: CIP2020036087)

새로운 기독교 신앙의 도래를 계시한

스베덴보리
그의 생애와 신학

다이제츠 다이타로 스즈키 저 · 오석제 역

좋은땅

목차

고등학교 때, 정식으로 기독교에 입문하면서부터 "세상에는 왜 그렇게 수많은 종교가 있으며, 그 가르침은 대동소이한데 왜 그다지도 반목하는지?"에 대한 의문을 지울 수 없었다. 또 기독교 교리를 공부하면서, "오직 기독교인만 또는 신앙을 가진 선택된 사람만이 천국에 갈 수 있다"는 가르침에 어려운 환경에서도 서로 사랑하며 선하게 살았던 우리 조상들을 생각하면서 가슴 답답함을 느꼈다. 그러던 중 주님께서 스베덴보리님을 통해 계시하신 하늘나라의 신성한 가르침(새교회 가르침)을 접한 후로 그러한 의문들은 하나 하나 풀리게 되면서 "진리가 너희를 자유케 하리라"고 하신 말씀에 진정으로 큰 위로를 받고 "우리 하나님, 우리 주님"을 수없이 외쳤다.

그러나 참으로 좋으신 우리 주님에게 가까이 가려면 영성을 계발하고 가르침을 삶 속에서 살아내야만 되겠다는 생각에, 그 후로 많은 영성의 선배들을 만나게 되었다. 한국의 이용도 목사님, 김교신 선생, 유영모 선생, 그리고 토마스 머튼과 헨리 나우엔, 사막의 교부들, 다이세츠 다이타로 스즈키, 선다싱, 달마 조사 등과 같은 많은 분들을 만나 그들이 어떻게 신앙(가르침)을 실천하여 조화로운 삶 속에서 참으로 자유로운 영혼이 될 수 있었는지를 깨우치게 되었다.

그러던 중, 영문판 불교 서적을 번역해 낼 정도로 불교에 심취해 있다가 새교회 가르침에 입문하신 오석제 선생님이 전에 내가 많은 영감을 얻었던 스즈키 선사가 쓴 『스베덴보리(부제;북쪽의 붓다)』를 번역하고 싶다는 말에 감동하여 미국 스베덴보리재단 소유의 판권을 주선하게 되었다.

그 뒤 일본 출장 길에 시간을 내어 스즈키 선사가 안치된 가나가와현 가마쿠라 시에 있는 도우케이지(동경사)를 찾았다. 그곳에서 그가 하늘나라로 가기 한 해 전인 1965년에 찍은 '해맑고 아무 티 없이 순진하게 웃는' 사진을 발견하였다. 그 사진에서, 역시 생활 속에 종교를 가졌던 분의 모습을 보았고, 비록 종교는 달라도 그분은 '한 분 하나님 아래 같은 형제임을 직감하고 말할 수 없는 희열을 느꼈다.

새교회는 모든 종교의 가르침은 고대 성경에서 파생되었고, 종교의 근본은 "삶"이라고 가르친다. 여러분은 지금 세계적인 명성을 지닌 불교인이 쓴 스베덴보리의 평전을 읽고 있다. 이를 통해, "어떻게 서로 다른 종교적인 가르침을 가진 사람들이 서로 가르침을 나누며, 그 안에서 화목할 수 있는지?"를 모색해 보시기 바란다. 개인적인 소견은 각자는 자신의 종교의 가르침에 따라 살면서 그 안에서 천국을 이루고, 자신의 종교에 대한 정체성을 지키되, 겸손하게 서로를 존중하면서 서로에게서 배워 더불어 평화롭고 사랑하며 사는 세상을 만들어

—

나가기를 소망한다.

"다른 종교를 가진 사람이 새교회(주께서 스베덴보리를 통해 우리에게 주신 가르침)를 어떻게 바라보며, 또 이를 어떻게 받아들였는지?" 올바로 이해하기 위해 넓고 열린 마음으로 이 책을 읽어 주실 것을 당부드린다. 그런 마음으로 살아갈 때, 우리 인류는 서로 평화롭고 기쁘게 공존할 수 있을 것이다. 끝으로 다시 한번 이 책의 영문판 추천사를 쓴 오랜 친구, 고 타츠야 나가시마 선생과 이 책의 한국어판을 내도록 도와주신 미국 스베덴보리재단에 감사드린다. 특히 이를 깊은 지식과 열정을 갖고 번역하신 오석제 선생님과 출판을 전담하신 한국새교회법인의 양규대 이사장의 노고에 머리 숙여 깊이 감사드린다.

2020년 8월 20일
새교회본부 아시아 총책임 목사 진용진

이 책은 스웨덴의 영성(靈性) 신학자 에마뉴엘 스베덴보리와 그의 신학에 대하여 일본의 세계적인 불교학자이자 선사(禪師)인 다이제츠 다이타로 스즈키 박사가 1913년에 평전의 형식을 빌어 저술한 책입니다. 그러므로 그 내용은 스베덴보리 선생님과 그분의 신학이 될 것입니다. 원래 스즈키 박사가 일본어로 집필한 책을 1966년도에 미국의 스베덴보리협회(Swedenborg Association)의 요청으로 앤드류 베른슈타인이 영어로 옮겨 발행한 것을 다시 우리말로 발행한 것이 이 책입니다.

독자의 이해를 돕기 위해 스베덴보리는 어떤 인물인지, 그리고 스즈키는 또 어떤 인물인지를 먼저 소개해 드리고 이 책이 갖는 가치와 의미를 말씀드리도록 하겠습니다.

먼저 스베덴보리와 그의 신학이 갖는 의미를 소개드리도록 하겠습니다.

—

사람이 육체 이상의 존재라는 것을 믿는 사람들, 영혼이라고 하는 인간의 내적 존재에 대해 어떤 형태로든 질문을 던지는 사람들에게 스베덴보리는 더없이 좋은 길잡이가 되는 사람이다.

그는 육신을 지닌 채 영혼의 세계를 30여 년간 왕래하며 또렷한 의식으로 그곳에서 보고 들은 내용을 기록하여 책으로 남긴 18세기 스웨덴의 천재 과학자이자 영성 신학자이다. 그가 남긴 신학 저서는 '신과 인간 영혼의 실상을 알면 이 세상 삶의 가치와 목표를 알게 되고, 이 세상 삶의 내용에 따라 우리의 영원한 삶이 결정된다. 더 정확히 말하면 삶의 순간순간 안에 영원의 세계가 담겨 있다'는 것을 알려 주고 있다. 말하자면, 그의 신학 저술은 이승과 저승, 종교와 생활의 불가분의 관계에 대한 체계적인 보고서라고 할 수 있다.

이렇게 접근하면 스베덴보리가 특출한 영매나 신비주의자에 지나지 않느냐는 견해가 생길 수 있다. 그러나 그는 심령술 따위는 근접조차 할 수 없었던 당대의 뛰어난 과학자로 미국의 스탠포드대학에서 선정한 인류 역사상 3대 천재 중의 한 사람임을 먼저 분명히 밝혀 두고자 한다.

스베덴보리는 1688년 스웨덴의 스톡홀름에서 태어났다. 루터교 비숍이자 웁살라대학 신학교수였던 아버지와 경건한 가정 분위기의 영향으로 그는 유년기부터 종교적이고 영적인 성향을 보였다. 다섯 살 때부터 신에 대해 생각했으며 목사들과 신앙에 관한 토론을 하는 데에 큰 즐거움을 느꼈다.

일찍 천재성이 인정되어 그는 열한 살의 나이에 웁살라대학에 들어갔다. 웁살라대학은 오늘날에도 세계 100대 대학에 들어가는 명문으로 저명한 식물학자 린네와 섭씨 온도계를 발명한 셀시우스도 스베덴보리와 같은 시대에 이 대학에서 수학한 인물들이다. 스베덴보리는 철학을 전공했다. 그 시대의 철학이라는 학문에는 과학과 수학이 포함되어 있었다. 그는 당시 유럽의 학술언어인 라틴어에 매우 뛰어나 라틴어로 시를 쓸 정도였고 그리스어와 히브리어에도 능통했다. 나중에 유럽 여행을 하면서 영어, 불어, 이탈리아어와 네덜란드어 등도 익혔다. 1710년 대학을 졸업한 후 그는 5년간 영국을 비롯한 유럽 여러 나라를 여행했다. 최초 여행지인 영국에서는 당시 영국 그리니치 천문대의 책임자 존 플랜스티드에게 인정을 받아 그의 조교로 일하기도 하고 옥스퍼드에서는 헬리 혜성의 발견자로 유명한 에드먼드 헬리 경을 만나기도 했다.

과학을 비롯한 당시 유럽의 선진 지식을 섭렵하고 돌아와 스웨덴 왕을 알현했을 때 그의 인품과 학식을 높이 산 왕은 그에게 당시 스웨덴의 가장 뛰어난 공학자였던 크리스토퍼 폴햄 아래에서 스웨덴의 국립 광산학회 연구를 맡게 한다. 1719년, 찰스 7세의 뒤를 이은 엘레노라 여왕은 그의 집안에 작위와 함께 귀족의 성씨를 수여하여 그 이름이 스벤베리(Swedberg)에서 스베덴보리(Swedenborg)로 바뀐다. 다음 해 2차 네덜란드 여행을 마치고 귀국한 그는 사정관의 직위로 정식 공무를 시작한다. 이때부터 그는 전적으로 과학 연구에 몰입하여 이론과 실제를 아우르는 많은 과학 저서를 출간한다. 그의 연구 분야는 광범위해서 수학, 기계학, 지리학, 지질학, 물리학 그리고 과학 일반에 걸친 것이었다.

그의 과학적인 업적은 실로 눈부시다. 스베덴보리는 성운론을 제의한 최초의 과학자였다. 라이트 형제보다 200년 앞서 비행기 모형을 제조했고 잠수함 모델을 만들기도 했다. 이처럼 당시 과학자가 탐구할 수 있는 모든 면에서 앞선 그였으나 과학만이 전부가 아닌 것을 차차 알게 되었다. 철학에 몰두하게 된 때가 이때로, 1734년 외국 여행에서 돌아온 후부터 '소명을 받은' 1745년까지 그의 철학적 탐구가 계속된다.

그에게 철학이란 기하학적으로 구성된 우주를 해명하려는 노력이었고 나아가 사물 너머의 신비를 찾아내려는 시도였다. 그러나 또한 그는 철학의 한계를 분명히 했다. "철학자는 사물의 원인을 규명하고 나서 그 이상의 문제에 부딪혔을 때에는 일단 거기서 멈추어야 한다. 사람은 영원한 존재에 대해서는 스스로 알 수 없기 때문이다." 이러한 그의 말은 20세기에 이르러 표현을 달리하여 다시 한번 언급되었다. 신(神)이라 불렸다는 20세기의 가장 위대한 철학자 비트겐슈타인도 그의 저서『논리철학논고』에서 "철학의 임무란 세계와 언어의 한계를 명확히 함으로써 말할 수 있는 것은 더욱 명료하게 말하고 말할 수 없는 것에 대하여는 침묵하여야 한다."라 말했던 것이다.

스베덴보리 철학의 정수는『원리론』이라고 할 수 있다. 이 책에서 그는, 자연은 가장 큰 것에 있어서나 가장 작은 것에 있어서나 동일하다고 말했고 우주 조직에는 능동적 원리와 수동적 원리가 반드시 공존한다고 보았다. 그의 철학에 의하면 무한자 외의 모든 것은 원인 없이 존재할 수 없으며 무한자에서 나온 하나의 운동이 만물의 시발점이 된다. 이 시발점은 우연의 산물이 아니고 지성 또는 의지에서 나온 것이다. 그러나 기계학적 우주만이 그의 관심의 대상은 아니었다. 『원리론』에서 그는 이렇게 썼다. "육안으로 알 수 있는 사물은 그렇게 많지 않고 대부분은 정신적인 차원에서만 이해할 수 있다. 이 광대한 세계는 유한한 우주의 일부분으로서 우주 전체에 비하면 한 점에 불과하다. 또 그렇게 큰 우주라도 무한에 비하면 역시 한 점에 지나지 않는다. 과연 인간은 무엇인가를 우리는 스스로 묻게 되는 것이다. 지극히 작은 벌레와도 같은 인간이여, 천체와 지구에 비하면 얼마나 작은 존재인가. 그대가 만일 크고자 하거든 가장 크시고 무한하신 그분을 섬기는 것을 배우라."

그의 관심은 여기에서 인간으로 향한다. 대체 무한자가 무엇 때문에 이 엄청나게 큰 유한계를 만드셨을까? 실로 이 우주는 인간을 위해서 만들어진 것이다. 인간이 그 속에서 살고, 의미있게 사용하기 위해 지어진 것이다. 비로소 스베덴보리는 인간 탐구의 길로 들어선다.

과학에서나 철학에서나 구체적인 것에서 시작하여 추상에 이르는 귀납적 방법을 따랐던 그는 인간에 대한 탐구도 인체 해부학 연구로 시작한다.

특히 그는 인간의 뇌에 대해 깊이 연구했다. 스웨덴의 저명한 두뇌 연구가들은 스베덴보리를 가리켜 "해부학자일 뿐 아니라 해부학적 철학자"라고 했고 "두뇌 화학적 활동에 대한 스베덴보리의 이론은 현대의학을 훨씬 앞서 있다. 현대에도 고도의 기술로만 알 수 있는 이 방면의 결론을 어떻게 얻어냈는지 모르겠다."고 감탄했다. 그러나 존재의 근원적 물음에 대한 해답은 물리학이나 철학, 해부학에서가 아니라 전혀 그가 예상하지 못했던 곳에서 나온다. 그가 찾아낸 것이 아니라 그에게 주어진 것이다.

그가 53세 되던 해인 1743년부터 이듬해 부활절에 이르는 기간 동안, 스베덴보리는 뜻하지 않게 꿈과 환상을 연속해서 체험한다. 그는 그 체험을 일기 형식으로 적어 나갔다. 그 일기를 보면 이 시기의 그의 내면적 변화를 생생하게 읽을 수 있다. 무엇보다 큰 변화는 자신의 교만에 대한 각성이었다. 그는 자신 안에 수십 년간 자리잡아 온 지식의 교만이 영적 변화를 가로막는 거대한 장애물임을 보았다. 자신의 교만이 얼마나 큰지 실감하고 두려워 떨며 그는 새롭게 태어난다. 이렇게 자신의 내면을 열고 그 안을 들여다보며 존재의 밑바닥에서부터 다시 시작하여 깊은 믿음을 세우는 일이 한 해 동안 계속되던 중 1744년 부활절에 그는 그리스도를 뵙게 된다. 그 체험 이후 그에게는 역사상 유례를 찾을 수 없는 새롭고 독특한 현상이 일어난다. 27년 동안 정상적인 의식상태를 유지하면서 동시에 영계를 두루 '여행'하며 그 구조와 속성을 세밀히 관찰할 수 있었던 것이다. 이러한 일들은 창조주이신 절대자의 용인에 의해 이루어진 것으로 자신은 그분의 종에 불과하다고 겸손하게 말하고 있다. 상식을 뛰어넘는 이같은 체험이 시작되면서 스베덴보리의 생활은 크게 바뀌게 된다. 자연과학 분야와 의회활동 등의 모든 공적 업무를 중단하고 사람의 삶을 이끄는 길에 대한 새로운 영적 이해를 책으로 펴내는 일에 전념하게 된 것이다.

그는 여든 네 살에 저 세계로 갈 때까지 근 30년을 오로지 영계의 경험을 바탕으로 한 신학 저술에 바쳤고 그렇게 해서 나온 30여 권의 책을 오늘날 우리는 통칭하여 성문서(聖文書;the Writings)라 하고 있다. 그 중 10권으로 된『천국의 비밀』에서 스베덴보리는, 성서에는 문자적 의미에 상응하는 영적 의미가 있고 그 영적 의미가 나타내는 것은 다름이 아니라 그리스도의 구원과 사람의 일생에 걸친 거듭남의 영적 과정과 원리임을 밝혀 주고 있다. 그 외에도 그의 저서 중 가장 널리 읽히고 있는 책인『천국과 지옥』, 창조의 원리를 철학적으로 조명한『하나님의 사랑과 지혜』가 있고, 또 자비로운 섭리의 법칙이 어떻게 모든 사람의 거듭남과 구원을 위해 영원히 작용하는가를 설명한『하나님의 섭리』, 부부간의 참사랑을 향한 노력이 얼마나 긴밀히 천국과 연결되는가를 알려 주는『결혼애』, 그리고 그의 신학의 결정체라고 할 수 있는『참된 그리스도교』등이 있다. 이러한 그의 저술과 그가 남긴 일체의 유고와 문헌은 2005년에 세계문화유산으로 유네스코에 등재됨으로써 인류 역사에 길이 보존되어야 할 가치를 인정받게 되었다.

스베덴보리와 그의 신학은 그의 사후에 오히려 더 생생하게 되살아나 새로운 시대의 문을 연 18세기의 계몽주의 시대 및 그 후의 많은 사상가와 문인, 그리고 유명 정치인들을 비롯한 저명 인사들에게 지

대한 영향을 끼쳤다. 칸트, 괴테, 에머슨, 스탕달, 발자크, 윌리엄 블레이크, 브라우닝, 프로스트, 카알라일. 헨리 제임스, 에머슨, 예이츠, 스트린드베리, 와싱턴, 벤저민 프랭클린, 링컨, 루즈벨트, 헬렌 켈러 등이 그들이다.

그중 스베덴보리에 대한 몇 분의 언급을 인용하는 것으로 소개의 글을 마친다.

"내 마음에 영혼 세계의 빛을 비춰 준 한 줄기 빛살은 스베덴보리의 철학에서 나왔다. 그 빛에 의해 이제껏 알 수 없었던 미지의 세계가 비로소 베일을 벗었다." (엘리자베스 브라우닝)

"스베덴보리를 읽지 않았다면 나는 메치스토펠레스라는 인물을 창조할 수 없었을 것이고 따라서 『파우스트』도 완성시킬 수 없었을 것이다." (괴테)

"온갖 종교를 두루 섭렵한 후에 나는 결국 스베덴보리에게 돌아왔다." (발자크)

"스베덴보리의 책은 내가 늘 즐겨 가까이 하는 생명의 샘이다. 나는 그 샘에서 세상의 온갖 소란을 씻어내어 주는 깊은 안식과 평화를 길어올린다." (헬렌 켈러)

이 책을 일본어로 저술한 다이제츠 다이타로 스즈키는 1870년에 일본의 이사카와도(道) 가네자와 혼마치에서 내과의인 료준 스즈키의 넷째 아들로 태어났다. 성장하여 와세다대학과 동경대학에서 심리학과 중국어, 산스크리트어, 팔리어, 그리고 유럽 몇몇 나라의 언어를 공부하는 한편 가마쿠라에 있는 엔카쿠사(寺)에서 선 수행을 했다.

스즈키가 스베덴보리에 접하게 된 것은 대학을 졸업한 뒤 1893년 시카고에서 열린 세계종교회의에서 『붓다의 복음(the Gospel of Buddha)』이라는 책을 저술한 미국의 종교학자 폴 카루소를 만난 것이 계기가 된 듯하다. 폴 카루소는 동양의 영적인 문헌을 번역, 출판하여 서구세계에 소개할 목적으로 이 회의에 일본 측의 일원으로 참석한 스즈키의 스승 소엔 샤쿠에게 도움을 요청했으나 그는 스즈키가 그 일에 적격이라 생각하고 그를 카루소에게 소개했던 것이다, 그 후 스즈키는 미국에 있는 카루소의 집에서 기거하면서 그가 운영하는 오픈 코트(Open Court) 출판사에서 수년간 함께 일을 했다. 이같은 환경에서 미국인 여성 레인과 결혼한 스즈키는 그 후로 미국과 유럽의 여러 나라, 특히 영국을 오가며 동양의 대승불교, 특히 선불교를 서방세계에 전하면서 동-서의 철학과 종교사상을 잇는 가교 역할을 하는 가운데 자연스럽게 스베덴보리를 접할 수 있었던 것 같다.

스베덴보리와 그의 신학사상을 동양인으로는 최초로 일본에 소개한 그의 업적은 앞으로 더욱 귀한 평가를 받게 되겠지만 동양의 불교사상, 특히 선불교를 서방세계에 보급하여 불교의 지평을 넓힌 그의 노력 또한 서구의 많은 학자들에 의해 높이 평가되고 있다.

역사학자인 린 화이트. Jr는 "1927년에 영문으로 출판된 스즈키 박사의『선불교에 대한 소논문(Essays on Zen Buddhism)』이란 책의 출현은 오는 세대에 있어서 13세기의 윌리엄 모어베크에 의한 아리스토텔레스의 번역과 15세기의 피치노에 의한 플라톤의 번역에 비견될 만한 의미를 지닌 위대한 지적(知的)사건"이라 언급한 바 있다.

그 후로도 스즈키의 이러한 노력은 이어져 1934년에 교토에서『선불교 개론(An Introduction to Zen Buddhism)』을 출판했다. 이 책은 1948년에 저명한 분석심리학자 칼 융(Carl Gustav Jung)의 서문과 함께 런던에 있는 Rider & Company 출판사에서 영문으로 다시 출판되었다.

칼 융은 그의 서문에서 "선불교에 대한 스즈키의 저술들은 살아 있는 불교 지식에 가장 훌륭한 기여를 하고 있다. 우리는 그가 서구 세계에 선을 전하여 서구인들에게 그 이해를 도우면서 이 과업을 훌륭하게 수행한 것에 대해 얼마나 감사히 여겨야 되는지 모르겠다."라 언급하고 있다.

1935년에는 교토에서『선불교 입문서(Manual of Zen Buddhism)』를 발행했다. 이 책 역시 1950년과 1956년에 걸쳐 영국 런던에 있는 Rider & Company에서 영문으로 발행되었고 1960년에는 미국 뉴욕에 있는 랜덤 하우스(Random House)에서도 발행되었다.

1961년에는『소유냐 존재냐』,『자유로부터의 도피』등의 저술로 유명한 독일의 분석심리학자 에리히 프롬(Erich Fromm), 그리고 De 마르티노와 함께『선불교와 정신분석(Zen Ruddhism and Psychoanalysis)』이라는 책을 출판했다. 그의 많은 저술들 중 대표적인 저술이라 할 수 있는 『선불교』를 비롯 『불교의 대의』, 『가르침과 현상학』, 『선의 진수』
등의 저술은 우리나라에서도 번역, 출판되었다.

이 책들 외에도 스즈키는 일어와 영어로 많은 책을 출판하여 오늘
날 세계 대부분의 도서관에 그의 책이 소장되어 있을 정도로 불교의
세계화에 크게 기여를 했다.

이러한 업적과 공헌으로 스즈키는 1963년도에 노벨평화상 후보로
지명되기도 했으나 그의 나이 95세 되던 해인 1966년에 가마쿠라에
서 입적했다. 그의 고향 가네자와에는 그를 기리는 스즈키기념관이
세워져 있다.

—

지금까지 본문과 베른슈타인의 영문판 서문에 나오는 내용은 중복
을 피하기 위해 가급적 배제하고 조금 다른 측면에서 두 분의 면모를
소개해 드렸습니다. 끝으로 이 책이 지니는 가치와 의미에 대해 간략
하게 말씀드려 볼까 합니다.

스베덴보리 선생님을 한 마디로 말씀드리자면 자신의 수많은 저술
들을 통해 사실상 새로운 기독교 신앙의 도래를 계시한 분이라는 것
입니다. 그가 계시한 새로운 기독교 신앙의 교리가 불교의 교리와 유
사한 점이 많다는 것을 지적해 온 분들이 많습니다. 스즈키 선사도 그
러한 분들 중의 한 분입니다.

그러한 그의 신학 사상은 그의 모국인 스웨덴보다는 영국과 미국을

—

비롯한 서구 세계에서 오히려 더 많은 신학자들의 지대한 관심 속에 체계적인 연구와 보급이 이루어지고 있습니다. 동양에서는 일본의 세계적인 불교학자이자 선사인 스즈키 박사가 스베덴보리와 그의 신학을 최초로 일본에 소개한 이래 꾸준한 연구와 보급이 이루어져 오늘날 일본사회에는 엘리트 집단에 속하는 많은 수의 열성적인 스베덴보리주의자들이 형성되어 있습니다. 기독교를 전적으로 거부하고 있는 중국에서도조차도 스베덴보리의 신학만큼은 적극적으로 받아들여 그의 저술들의 번역작업이 활발하게 진행되고 있는 실정입니다.

이는 불교나 기독교가 발생된 모국보다는 타국에서 더 활발하게 전도되어 신앙되고 있는 현상을 연상케 합니다.

아무튼 불교의 선승인 스즈키 박사가 스베덴보리에 대한 평전을 집필하면서 이 책의 부제(副題)에서 보듯 그를 '북쪽의 부처(Buddha of the North)'라 칭했다는 점은 기독교 측이나 불교 측에서도 선뜻 받아들이기 어려우리라 생각합니다. 오히려 양 측의 많은 이들을 당혹케 하는 언급이 아니었나 싶습니다.

그러나 우리는 여기에서 매우 중요한 사실을 발견하게 되는 것 같습니다. 그것은 바로 불교의 '공(空)' 특히 선불교의 '절대 무(絶對 無)'라는 개념과 기독교의 하나님의 이해 사이에는 비록 신비주의자들이나 혹은 영성가들의 이해에 의해서라 하더라도 얼마든지 상호 이해와 대화의 가능성이 있다는 것입니다.

이 사실을 간파해 낸 분이 바로 20세기에 들어서서 불교와 기독교 및 서구철학 사이의 가교 역할을 한 스즈키 박사라 할 수 있겠습니다. 그러므로 스즈키 박사는 기독교, 그중에서도 특히 스베덴보리의 신학과 불교(특히 선불교)와의 대화에 있어서 중요한 공헌자의 한 사람이라 할 수 있겠습니다. 사실 스즈키 박사는 영성(靈性)이라는 단어를 일본에 토착화시키고자 고심한 흔적을 보이고 있습니다. 『일본적 영성 (日本的 靈性)』, 『영성적 일본(靈性的 日本)의 건설』, 『일본의 영성화(靈性化)』와 같은 그의 저술이 그 증거라 할 수 있겠습니다.

그러므로 이 책의 가치와 가장 큰 의미는 바로 이 점에 있는 것으로 생각됩니다. 미국의 스베덴보리협회도 이 점을 높이 평가하여 영문 판으로 발행한 것이 아닌가 생각됩니다.

앞으로 영원히 그리고 새로이 세상을 밝게 될, 계시에 의한 스베덴보리 선생님의 새로운 신학 사상과 교리가, 뿌리 깊은 동양의 종교, 불교와 함께 호흡하면서 이 세상에 널리 전파되어 많은 이들을 지혜와 자비의 길로 이끌어 주는 진리의 빛이 될 것임을 확신한다는 말씀을 드리며 여기에서 들어가는 글을 끝맺음하겠습니다.

이 책이 나오도록 도와주신 진용진 목사님과 양규대 목사님을 비롯한 많은 분들과 이 책을 함께 하는 모든 분들에게 하나님의 사랑이 함께 하기를 기원드립니다.

2020년 9월 1일

옮긴이 오석제

타츠야 나가시마

다이제츠 타이타로 스즈키(Daisetsu Teitaro Suzuki)는 일본어로 저술한 방대한 불교 서적뿐 아니라 영문으로도 저술을 남겨 불교 선사(禪師)로서의 대중적 명성이 높을 뿐 아니라 국제적으로도 널리 알려진 불교학자였다. 오늘날 세계 대부분의 도서관에는 선(禪)과 대승불교(大乘佛敎)에 대한 스즈키의 영문판 서적이 비치되어 있다.

나는 엠마뉴엘 스베덴보리(Emanuel Swedenborg)의 저술들을 알기 훨씬 이전에 스즈키의 그러한 저술들을 알고 있었다. 나는 1980년 당시에 선불교(禪佛敎)가 일본의 기독교인들에게 영적 성장을 위한 통찰력을 제공할 수 있으리라는 생각에 스즈키의 신판 전집 32권을 모두 구입했다. 그러나 나는 이 신심(信心)이 깊은 불교인이 엠마뉴엘 스베덴보리라는 같은 저자의 저술 네 권을 번역하였음을 알고 크게 놀랐다.

1870년에 불교 의사 집안의 넷째 아들로 태어난 타이타로 스즈키는 고등학교 때에 처음으로 선을 접했다. 그러나 스즈키는 20세에 이르러서야 도야마에 있는 유명한 고구타지 선원에서 처음으로 선 수행(修行)을 시작했다. 다음 해에는 엔가쿠지사의 이마키타 게센 선사 밑에서 수행을 하다가 게센의 사후에는 샤쿠 샌 선사 밑에서 수행을 했다. 선 수행을 마칠 무렵에 샌 선사는 스즈키에게 다이제쓰라는 불명(佛名)을 주었다. 선 수행을 마친 후에 스즈키는 동경대학에 입학이 허락되어 그곳에서 심리학을 전공했다.

선: 마음을 가다듬고 정신을 통일하여 번뇌를 끊고 진리를 깊이 생각하여 무아적정(無我寂靜)의 경지에 몰입하는 일.

선사: 선을 수행의 방편으로 삼는 승려를 지칭하는 말.

대승불교: 만인의 구제를 내세우는 불교의 종파들을 총칭하여 부르는 말.

선불교: 선은 원래 중국 대륙에서 5세기에 발전하기 시작한 대승불교의 한 조류이다. 이러한 조류는 중국 대륙에서 한 종파로 성립되어 한국과 일본 등지로 전파되었다. 이 계통의 여러 분파를 선종이라 통칭하고 이 계통의 불교를 선불교라고 한다.

1895년에 동경대학을 졸업한 후 스즈키는 그의 최초의 저서 『신종교론(新宗敎論)』을 출판했다. 이 책에서 그는 보편적 진리의 개념과, 인류를 위해 이러한 진리를 자세히 설명할 경우에 있어서 종교(어떠한 종교든)의 중요성을 제시하고 있다.

"나는 종교 그 자체는 인간의 자유로운 반응에 의존하고 또 종교란 것이 인간 생활의 기본적인 원리인 까닭에 수많은 인간의 행위를 좌우하는 것이라 확신하고 있다. 인간의 정신은 종교적인 믿음이 없이는 결코 건전할 수 없으며 따라서 인간의 문화는 종교 없이는 완전치 못하다. 나아가 종교적인 믿음과 과학적인 진보는 보조를 함께 해 발전해 나아갈 수 있음이 분명하다."

모두 147쪽인 이 간략한 저술에서 스즈키는 하나님이 인간과 동떨어진 곳에 앉아 외부로부터 자신의 손으로 만든 대상들을 바라보는 인식론적(認識論的)인 우주라는 개념을 거부했다. 사실 스즈키는 대지혜(大智慧;Great Wisdom)라는 개념을 좀 더 세밀히 표현하고자 '하나님'이라는 술어보다 절대진리(絶對眞理;Truth)라는 술어를 선택하고 있다. 그는 또 다른 불교학자들과 더불어 우주는 그 전체라는 면에서 원인도 결과도 지니지 않는다고 주장한다. 지구는 스스로의 힘으로 돈다. 식물은 스스로 성장하고 번성한다. 생명은 아프리오리(a priori)이지 창조된 의지의 힘이 아니라는 것이다.

스즈키는 이런 불교의 범신론(汎神論;pantheism)을 기독교의 일신론(一神論)보다 바람직한 것으로 간주한다. 기독교는 이미 주어진 대우주(Universe)라는 신비에 '하나님(God)'이라는 또 다른 신비로운 존재를 더하고 있기 때문이라는 것이다. 이 책을 낼 무렵의 기독교에 대한 스즈키의 생각이 현대의 복음 개신교에 대한 진부한 이미지에 한정되어 있다는 사실에도 불구하고, 그는 어떠한 종파의 종교든 종교는 인류에게 매우 중요하다는 믿음을 지니고 있다.

"나는 불교, 기독교, 이슬람교 등과 같은 어떠한 종파의 명칭도 사용하고 싶지 않다. 나는 오히려 '종교'라는 술어를 사용하고 싶다. 내가 주장하는 것은 어떤 하나의 종파의 교리가 아니라 종교 그 자체이기 때문이다.

종교의 핵심은 사람들이 대자비(Great Mercy)와 그로부터 나오는 절대 진리를 알아내어 그것을 그들의 일상생활에 적용하는 것이다. 종교의 모든 것은 절대진리(Truth)이다. 이 절대진리는 예수 그리스도와 붓다가 태어나기 훨씬 이전부터 존재해 있었지만 두 창시자는 이 절대진리를 깨닫고 세상에 그것을 널리 선양했던 것이다."

아프리오리: 인식의 본질상 또는 논리상 경험으로부터 발생하거나 의존하거나 하지 않는 것.

스즈키가 그의 생애의 비교적 이른 시기에, 유일하신 하나님을 믿고 악을 멀리하는 모든 종교가 포함된 보편적 교회(universal church)에 대한 저술을 남긴 스베덴보리가 신봉한 개념과 비슷한 개념의 책을 저술했다는 것은 흥미로운 일이다. 그러나 이 무렵 스즈키는 스베덴보리의 저술을 접하지 못했던 듯하다. 1897년과 1908년 사이에 미국에 머물러 있을 무렵 그는 처음으로 스웨덴의 신비주의자의 저술을 접했기 때문이다. 그 무렵 스즈키는 오픈 코트(Open Court) 출판사에서 일원론(一元論;Monoism) 또는 '종교학(science of religion)'의 신봉자였던 미국인 학자 폴 카루스 밑에서 편집자로 일하고 있었다.

여전히 미국에 살고 있던 1907년에 스즈키는 베아트리체 레인이라는 미국인 여성을 만났다. 그녀는 보스톤 출생으로 윌리엄 제임스, 죠

시아 로이스, 그리고 죠지 산타야나와 같은 교수들을 스승으로 레드 클리프대학과 콜롬비아대학, 두 대학에서 수업했다. 레인은 심리학과 종교학 연구를 통해 스베덴보리를 잘 알고 있었음이 분명하다(윌리엄 제임스의 부친인 헨리 제임스는 매우 잘 알려진 스베덴보리 신봉자였다). 더구나 보스톤의 킨시가(街)에는 스베덴보리 교회당이 자리잡고 있다. 매우 영향력 있는 스베덴보리주의 목사인 윌리엄 보어체스터는 이 교회당에서 여러 해 동안 열정적으로 회중(會衆)을 이끌어 왔다. 아마도 레인의 도움으로 스즈키는 스베덴보리의 저술에 관심을 갖게 된 듯하다. 스즈키와 레인은 1911년에 일본에서 결혼했다. 결혼 후 레인은 불교학자가 되어 1931년에『대승불교의 진언종(眞言宗;Shingon School)』이라는 책을 발행했다. 그의 결혼시절을 회고하며 스즈키는 다음과 같이 말하고 있다.

> 일원론: 세계를 하나의 원리로 환원하여 설명하는 이론으로 우주의 근본 원리는 오직 하나라 주장한다.
> 진언종(眞言宗): 불교의 밀교(密敎) 가운데 하나. 여러 밀교 종파를 두루 일컫기도 한다.

결혼생활을 시작한 이래 서구인들에게 동양 사상을 널리 알리는 데에 전력을 다하자는 것이 우리 두 사람의 약속이었다. 우리들 자신의(가능한) 노력으로 동양과 서양이 함께 공유할 수 있는 이해를 조성하는 것보다 더 큰 기쁨과 행복은 없었다.

그러나 우리는 우리 자신의 감정을 바탕으로 이야기하면서 외부 영향에 대해서는 개의치 않고 여러 종교적인 쟁점에 대하여 우리가 생각하는 것을 가지고 우리들끼리만 소통할 수 있었을 뿐이었다. 그러나 우리 두 사람은 어떤 부류의 운명이 인도하는 방향으로 이끌려가고 있었다.

스즈키는 1909년에 일본으로 되돌아와 가쿠슈인대학과 도쿄대학의 영어 강사로 재직하면서 스베덴보리의 성문서(聖文書;the Writings)에 많은 영향을 받은 윌리엄 블레이크를 전공했다. 1910년에 스즈키는 영문판으로 된 스베덴보리의 신학 저술들 중 최초의 일본어 번역본으로 『천국과 지옥』을 출판했다. 같은 해에 스즈키는 런던에서 열린 국제스베덴보리회의에 참석하여 부회장직을 맡았다. 그러나 1913년과 1915년에 스즈키는 스베덴보리의 연구에 집중했던 것으로 보인다. 1914년에 그는 스베덴보리평전에 해당하는 『스베덴보리(Suedenborugu)』를 저술했으며 1914년에는 『새로운 예루살렘과 그 천적인 교리(The New Jerusalem and Its Heavenly Doctrine)』를 일본어로 번역하고 이어서 1914년에 『하나님의 사랑과 하나님의 지혜(Divjne Love and Divine Wisdom)』를, 그리고 1915년에는 『하나님의 섭리(攝理;Divine Providence)』를 번역했다.

이러한 스베덴보리의 연구는 그 후 9년간의 공백기로 이어지다가 1924년에 이르러 그는 스베덴보리에 대한 9페이지 분량의 소논문을 발표했다. 「스베덴보리의 천국관(天國觀)과 타력신앙(他力信仰)」이라는 제목의 이 짤막한 논문에서 스즈키는 천적인 순결함과 모든 선 (good)은 하나님으로부터 나온다는 천사의 인식을 설명하고 있다. '상응(相應;correspondence)', '자유', '자유 의지(free will)' 그리고 '균형(均衡;equilibrium)' 등과 같은 스베덴보리의 다른 개념들 역시 검토되어 있다. 이 소논문을 발표한 후 스즈키는 스베덴보리에 대해 적어도 공적으로는 침묵을 지켰다.

성문서(聖文書:the Writings): 스베덴보리가 남긴 저술을 통칭하는 말. 특히 그의 대표적인 저술,『천국의 비밀(Arcana Coelestia)』을 가리킨다.

윌리엄 블레이크(1757~1827): 영국의 시인, 화가, 신비주의자. 오늘날 최초이자 가장 위대한 낭만주의 시인 가운데 한 사람으로 꼽힌다. 대표적인 작품으로『순수의 노래(Songs of Innocence)』,『경험의 노래(Songs of Experience)』등이 있다.

스즈키가 1920년대 후에 스베덴보리에 대하여 깊이 생각했거나 또 다른 저술을 했는지의 여부에 대한 문제는 스베덴보리파 학자들의 호기심을 돋우고 있으나, 대다수의 스즈키파 학자들은 스웨덴 신비주의자의 영향력이 스즈키의 중년에 속하는 것으로 인식하고 있다. 그러나 여전히 미궁 속에 있는 부분이 있다. 스즈키의 일본어판 전집은 32권으로 되어 있으나 스즈키는 다수의 저술을 영문으로 집필했으며 영문판 저술들 중 많은 저술이 아직 일본어로 출판되지 않았다. 선불교에서 대승불교의 여러 종파에 이르는 주제들을 다룬 그의 모든 저술들은 그가 평생 깨달음을 추구한 불교학자였음을 증거하고 있다. 그럼에도 불구하고 확실한 것은 스즈키 자신이 그의 저술『스베덴보리(Suedenborogu)』에서 스베덴보리에 대한 기록을 남겼다는 것을 우리는 지금도 상기하고 있다는 것이다.

스베덴보리의 84년 생애는 모두 과학과 종교에 전념한 삶이였다. 스즈키의 96년의 생애 역시 종교에 전념한 생애였다. 시대와 공간을 초월해 같은 길을 추구한 이들인 셈이다.

그러나 일본인 종교학자인 스즈키에 대한 스베덴보리의 영향력은 이전에 인지된 것보다 훨씬 더하다고 생각하는 스즈키파 학자가 있다. 스즈키 헌정 논문에서 키요토 후루노는 다음과 같이 말하고 있다.

스즈키가 저술한『스베덴보리(Suedenborogu)』를 읽고 난 후 나는 스즈키가 스베덴보리주의자라는 느낌을 받았다. 스즈키에 의해 선불교가 전 세계에 최초로 소개되었음은 분명한 사실이지만, 스즈키에 의해 스베덴보리가 일본에 최초로 소개된 것 또한 사실이다. 나는 스즈키의 기본적인 사고가 스베덴보리에 의해 다소 영향을 받았다고 추측한다. 내게는 스즈키의 사고가 젊은 시절에 이미 스베덴보리의 신비주의로 물들어져 있었기 때문에 그처럼 뛰어난 식견과 명석함으로 선불교를 영문으로 번역할 수 있었던 것으로 보인다.

스베덴보리의 라틴어 원전을 현대 일본어로 번역한 최초의 번역가이자 발행자로서, 나는 번역자의 기량에 수반되는 어려움을 이해하고 있다. 앤드류 베른슈타인의 『스베덴보리(Suedenborogu)』와 『스베덴보리: 그의 천국관과 타력신앙』의 영문 번역본은 스즈키의 고전풍의 일어를 택해 그것을 현대 영어로 해석하고 있다. 스즈키의 유력한 저술의 뛰어난 영문 번역본이 영어를 이해하는 스베덴보리주의자와 학자들이 두루 활용할 수 있게 되었음을 기쁘게 생각한다.

앤드류 베른슈타인

　나는 스베덴보리협회의 레오날드 폭스의 요청으로 2년 전에 스즈키의 저술의 번역을 시작했다. 당시 나는 이 과제에 대해 염려가 되었다. 나는 일본불교사에 대한 연구에서 이미 스즈키에 대한 내 나름의 작업을 수행한 바 있었지만 엠마뉴엘 스베덴보리와 그에 대한 스즈키의 관심에는 익숙해 있지 못했기 때문이었다. 이 과제를 깊이 파고들어가면서 스베덴보리와 스베덴보리를 그처럼 흠모한 젊은 스즈키 두 사람 모두 나를 더욱 당혹케 했다.

　스즈키의 일본어는 매우 까다로운 문제였다. 20세기 최초의 십 년 동안에 집필한 『스베덴보리(Suedenborogu)』와 『천국과 지옥』은 현재의 일본어 용법에 좀 더 익숙한 사람들로서는 이해하기 어려운 고전 문법과 어법을 구사하고 있다. 나는 가능한한 충실한 번역이 되도록 노력했지만 그 어떤 번역도 개인적인 해석 행위를 피해갈 수 없는 결과가 되고 말았다.

　번역한 두 권의 책은 32권으로 된 스즈키 전집 속에도 있다. 번역의 문제는 스즈키가 일본어로 번역해 놓은 스베덴보리의 문장들을 영어로 다시 옮기고자 했을 때 특히나 분명해졌다. 스즈키는 스베덴보리의 저술을 번역하면서 라틴어 원전의 영문 번역판을 인용했다. 스즈키는 이러한 번역본들을 직접 인용하지는 않았지만, 나는 통상적으로 스즈키의 일본어를 매우 세밀하게 반영해서 그의 출전이 될 수 있도록 내가 택한 영문판을 찾아낼 수 있었다. 그러나 이것도 스즈키의 번역이 스베덴보리재단이 출판한 스베덴보리의 저술들의 표준 영어 번역본과 때로는 다르다는 사실로 인해 복잡하게 되어 버렸다. 일본어와 표준 영어간의 다른 차이는 주해에 인용되어 있다. 서신과 회상록 용도로 사용된 또 다른 표준 문서로 세 권으로 된『스베덴보리의 생애와 인격에 관한 실록』이 있다.

　이번 일은 많은 분들의 도움이 없었으면 완성될 수 없었을 것이다. 카이스 빈센트와 스즈키의 일본어를 판독하는 데에 오랜 시간 도움을 준 제노 야수쉬에게 특별히 감사를 드린다. 웨인 요코야마, 나가시마 타츠야, 그리고 코쇼 이와사부로, 로버트 샤르트, 로져 코어리스, 그리고 키리타 시요히데 씨에게도 도움을 주신 데에 감사를 드린다. 스베덴보리주의 학자인 도날드 L. 로즈, 조지 F. 도울, 윌리엄 R. 우펜덴, 그리고 레오나르드 폭스는 스베덴보리에 대한 나의 주해를 확인하는 데에 도움을 주었고 때로는 내가 어려움에 처했을 때 스즈키의 영문 출처를 찾아내는 데에도 도움을 주었다. 사실 이번 과제는 레오나르드 폭스의 격려가 없었더라면 이루어질 수 없었을 것이다. 폭스는 여기에 인용할 수 없을 정도로 여러 면으로 도움을 주었다. 출판 과정 내내 나와 함께 해 준 메리 루베르투치에게도 감사를 드린다. 끝으로 이 일을 끝낼 때까지 내 옆을 지켜 준 나의 가족과 친구들에게 감사드린다.

앤드류 베른슈타인

  1954년 여름, 헨리 코르빈, 미르세아 엘리에이드와 같은 종교학자
들과 모임을 갖고 있던 중에 스즈키는 대승불교와 임마뉴엘 스베덴
보리의 신학이 갖는 유사성으로 어떤 것이 있느냐는 질문을 받았다.
코르빈에 의하면 스즈키는 갑자기 스푼을 내두르며, "이 스푼이 지금
낙원(paradise)에 있어요. 우리는 지금 천국(Heaven)에 있고요."라고 선
언하듯 말했다는 것이다. 계속된 대화에서 스즈키는 "스베덴보리는
여러분의 북쪽의 붓다이십니다.(Buddha of The North)"라고 계속 말을
이어나갔다는 것이다

  '선'이라는 용어를 누구나 잘 아는 상투어처럼 만든 장본인인 스즈
키가 18세기에 신비주의자로 전환한 스웨덴의 과학자를 붓다와 동등
시한 이유는 무엇일까? 1950년대와 1960년대의 스즈키의 저술들을
일관해 보면 스베덴보리를 언급한 경우가 매우 적다는 것을 알게 된
다. 예를 들면 1950년으로 추정되는 어떤 논문에서 스즈키는 "스베덴
보리의 상응이라는 교리는 대승불교에서도 유효하다."라고만 언급하
고 있다. 유감스럽게도 스즈키는 이 교리를 지나가는 김에 말하듯 지
나쳐 버리고 정교하게 다루지는 않았다. 1960년도에 있었던 '선과 철
학'이라는 제목의 대담에서 스베덴보리에 대한 또 다른 민감한 언급

이 있었다. 이 대담에서 스즈키는 선의 세계는 철학적인 세계가 아니라 시적인 세계라고 말하고 있으며, 그 뒤에 이는 '새 예루살렘'에 대해서도 똑같이 유효하다고 언급하고 있다. 스베덴보리가 언급한 영적 시대인 새 예루살렘은 영계에서는 이미 시작되었고 우리가 살고 있는 세계에서도 곧 시작될 것이라고 했다.

스즈키는 나아가 이러한 시의 세계는 단순한 거짓이나 '그릇된 신념'과 혼동되어서는 안 되고 세속적인 영역과 완벽하게 분리된 영역으로 간주되어서도 안 된다고 설명하고 있다. 그러나 다시 한번 스베덴보리에 대한 스즈키의 인용은 간략한 한 예로 충족되고 있을 뿐 총체적인 토론에서는 그다지 중요치 않은 부분일 뿐이다. 사실 스즈키는『신비주의: 기독교도와 불교도』(1957)라는 책에서 상당한 존재감으로 매우 광범위하게 등장할 수 있었던 스베덴보리를 단 한 번밖에 언급하지 않고 있다. 스즈키는 부록에서 윤리적 징벌의 전제에 기반을 둔 불교의 윤회설이 "스베덴보리의 상응이라는 교리를 연상케 하는바, 상응의 교리에 의하면 지상의 모든 것들은 천국이나 지옥에 있는 것들과 상응하는 것들을 지닌다는 것이다." 오히려 이 책은 중세 도미니카의 신비주의자 마이스터 에크하르트의 불교 해석에 많은 지면을 할애하고 있다.

스즈키의 만년의 저술에서, 특히나 기독교 신비주의를 다루고 있는 책에서 '북쪽의 붓다'에 그처럼 적은 지면을 할애한 이유는 무엇일까? 결국 1910년과 1915년 사이에 스즈키는 스베덴보리의 네 권의 주요한 저술을 번역했으며 스베덴보리의 생애와 사상을 담은 소책자『스베덴보리(Suedenborugu)』를 일본어로 집필한 바 있다. 평전 형식의 이 책을 내가 다시 영문으로 번역한 것이 이 책이다. 더구나 1924년에 발표된『스베덴보리의 천국관과 타력신앙』에서 그는 "스베덴보리에 대하여 쓰고 싶은 것이 많다. 그러나 그것은 훗날을 기약하겠다."라고 결론을 맺고 있다.

그 훗날은 다시 오지 않았지만 헨리 콜빈의 질문에 대한 그의 답변에서 알 수 있듯 스즈키가 스베덴보리와 그의 교리를 부인하지 않았음은 분명하다. 사실 스즈키 기념식전에 참석한 후루노 키요토는 자신의 논문에서 스즈키의 기본적인 사상이 스베덴보리의 영향을 다소 받았음을 알게 되었다고 밝힌 바 있다. 일본인 스베덴보리주의자 나가시마 타츠야는 스즈키를 비밀스런 스베덴보리주의자라 다소 모호하게 칭하고 있다. 이는 짧지만 강렬했던 스베덴보리의 저술과의 연계가 전반적으로 그의 종교에 대한 접근 방법을 결정지었음을 암시하고 있다.

> 윤회설: 생명 있는 모든 것은 자신이 지은 업에 따라 지옥, 아귀, 축생, 아수라, 인간, 천상의 육도(六道)에서의 삶과 죽음을 반복한다는 불교 교리의 하나
>
> 마이스터 에크하르트(1260~1327년경): 독일의 로마 가톨릭 신비 사상가.

그러나 영향력이라는 문제는 까다로운 문제이다. 스즈키와 스베덴보리는 모두 방대한 양의 저술을 남겨서 크게 작심한 연구원이라야

얼마간의 유사성을 조사해 낼 수 있을지 모르겠다. 스즈키가 스베덴보리의 영향을 받았음은 분명하지만 그는 먼저 이 스웨덴의 신비주의자를 불교, 에머슨의 초월주의, 독일의 이상주의, 일원론(一元論), 그리고 마지막으로 윌리엄 제임스의 철학을 통해 형성된 자신의 시각을 통해 바라보았던 것이다. 이들 서로 다른 사상의 계통간의 영향력과 유사성을 분류하는 것은 대체로 '닭과 달걀'의 문제로 귀착된다. 이런 문제를 끝까지 해명할 경우 오랜 기간의 노력을 요하게 될 것이다.

결국 스즈키는 모든 종교와 철학의 토대가 되는 것으로 자신이 지각한 보편적 진리를 명시하기 위해 '선'이라는 술어의 사용을 택했다. 그의 나이 25세이던 1895년에 스즈키는 「에머슨의 선」이라는 의미심장한 제목의 논문을 쓰고 수년 뒤에는 『동방의 불교도』에서 다음과 같이 명확하게 언급하고 있다.

'내가 생각하는 바로 선은 모든 철학과 종교의 궁극을 이루는 것이다. 따라서 선은 불교철학만의 파생물일 필요가 없다. 나는 기독교, 마호멧교, 도교 그리고 유교에서조차도 선을 인지하기 때문이다. 선은 종교적인 감정을 그 정당한 통로를 관통케 해 주는 것이며 지성에 활기를 불어넣는 것이다.'

여러 학파의 사상에 노출되었음에도 불구하고 스즈키는 선불교라는 계통적 원리를 운용하는 가운데 거기에 안착했음이 분명하다. 그렇다면 스베덴보리에 대한 그의 관심은 어떻게 설명해야 하는 것인가? 스즈키 자신은 『스베덴보리』와 『스베덴보리의 천국관과 타력신앙』에서 스베덴보리주의 사상과 불교 간의 유사성을 찾아내고 있다. 그러나 여러 종교 제도권의 사상가들에게서 동일한 진리를 찾아내고자 하는 스즈키의 경향성이 그로 하여금 그의 생애를 일관해 다수의 근원을 끌어낼 수 있도록 해 주었다. "스즈키가 한동안 그처럼 열렬하게 스베덴보리에 열중했던 이유는 무엇인가?" 그리고 그 필연적 결과로, "스즈키가 그 뒤 그와 같은 열정을 잃어버리게 된 이유는 또 무엇인가?"라는 질문에 답하려면 우리는 스즈키가 스베덴보리와 불교 사상 사이에서 발견했을 수도 있는 영원한 유사성이나 '상응'을 관찰할 것이 아니라 스베덴보리를 그의 생애의 특별한 시기와 직접 연관되도록 만든 독특한 특성을 관찰해야 한다. 간략히 말하자면 이들 질문에 대한 답변은 신학적인 유사성이 아니라 역사적인 상황에 바탕을 둔 설명을 요한다는 것이다.

에머슨(1803~1882): 미국 보스톤에서 태어난 시인이자 사상가.
초월주의: 19세기의 미국 뉴잉글랜드의 작가와 철학자들이 벌인 운동, 이들의 철학의 원천으로 여러 가지가 있으나 엠마뉴엘 스베덴보리와 야곱 뵈메의 저술들도 그 바탕을 이루었다.
윌리엄 제임스(1842~1910): 미국 뉴욕에서 태어난 실용주의 철학운동과 심리학 운동의 주도자이다.

한 가지 사회적 표준에서 볼 때 스베덴보리에 대한 스즈키의 관심은, 스베덴보리가 19세기 말과 20세기 초에 헨리 베르그송, W.B예츠, 윌리엄 제임스 그리고 많은 수의 다른 저명한 사상가와 저술가들의 관심을 환기시키면서 시대의 풍조를 타고 있었다는 단순한 사실에 의한 것이다. 당시 스베덴보리는 일본에는 사실상 알려져 있지 않았다. 그러나 스즈키는 1897년과 1908년 사이에 미국에서 살고 있었다. 미국에서는 19세기 내내 스베덴보리 교회가 급증하고 있었다. 샤쿠조엔 선원장의 격려를 받으면서 스즈키는 '종교학' 또는 '일원론'을 통해 과학적 사고와 종교적 사고의 화해를 주장하고 있던 독일계 이주자 폴 카루스 밑에서 일하면서 일리노이주에서 11년을 보냈다. 일원론자 연구에 몰입된 스즈키는 과학자의 냉철한 이성으로 자신의 신비적인 체험과 발견사항들을 설명한 인물인 스베덴보리에게 충분히 노출되었을 것이다.

그러나 스즈키가 스베덴보리의 책 한 권을 심도 깊게 다루어 그 책을 일본어로 번역하게 된 것은 사실 1908년에 일본의 고향으로 돌아가는 길에 초대받은 런던에서였다. 런던에 기반을 두고 있는 스베덴보리협회가 그에게『천국과 지옥』의 일본어 번역을 요청했고 이 책은 1910년에 일본에서 출판되었다. 같은 해에 스즈키는 일본에서 영국으로 되돌아가 국제스베덴보리회의의 부회장직을 맡았다. 뒤이어 그는 스베덴보리의『새 예루살렘과 그 천적인 교리(1914)』,『하나님의 사랑과 지혜(1914)』, 그리고『하나님의 섭리(1915)』를 번역했다.

일원론의 경험에 자극을 받은 스즈키는 『천국과 지옥』을 최초로 번역하려 했지만 스베덴보리에 대한 그의 지속적인 관심은 어떻게 설명할 수 있을까? 그의 저술 『스베덴보리(Suedenborogu)』의 서문을 보면 이 스웨덴 신비주의자에 대한 스즈키의 일상적인 관심 이상의 절박함을 엿볼 수 있다.

'오늘날 일본에는 종교적인 사상의 분야가 마침내 위기의 상황으로 치닫고 있다. 자신의 영(靈)을 가꾸어 계발하고자 하는 사람들, 위기의 상황에 처한 시대를 개탄하는 사람들은 반드시 이 사람(스베덴보리)에 대하여 알아야만 한다. 이것이 이 책을 내는 이유이다.'

서문에 뒤이은 안내의 글에서 스즈키는 절박한 '위기'가 의미하는 바를 좀 더 분명하게 설명하고 있다.

'일본인들의 현재의 영적인 삶을 자세히 들여다보면 그들은 물질적인 산업 문명에 지쳐 있지만 어디에서 전환해야 할지를 모르고 있는 것 같다. 정부와 국민 모두가 종교의 필요성을 느끼고 있지만 이러한 필요성이 충족될 수 있는 방법은 아직 적절하게 연구되지 않고 있다.'

스즈키가 미국에 머물고 있던 동안에 일본은 급격한 도시화와 산업화를 겪고 있었다. 다수의 공장 근로자들이 참가하는 동맹파업이 연이어 증가하고 있었고 전차요금의 인상에 항의하는 1906년도의 데모와 같은 좀 더 광범위한 규모의 항의가 점진적으로 시민들의 눈에 익숙해져 가고 있었다. 교육정책은 경영 계층의 신분을 증대시켰다. 이들은 육체 노동자들보다는 윤택했지만 현대적인 자본주의 경제의 압력에 시달리기는 마찬가지였다. 기계적인 생활의 요구에 따돌림 당한 교육받은 중산 계층의 많은 사람들은 자신들의 '가장 깊은 자아'를 탐색하는 방향으로 전환했다.

토마스 리머의 말대로 이러한 '내면으로의 이동'은 특히 일본의 고등학교와 대학의 젊은이들 사이에 주된 흐름으로 자리잡았다. 메이지유신 이후 정부는 국립학교 제도를 포함하여 학술적, 사회적 목적의 현대적인 협회의 조화로운 설립에 막중한 노력을 기울였다. 그러나 세기의 전환에 의해 일본의 특권층 십대들은 이러한 성취를 당연한 것으로 여기고 개인적인 의미를 모색하는 데에 더욱더 많은 시간을 보냈다. 이러한 추구는 대부분 독일의 이상주의에 의해 형성되었고 1893년부터 1914년까지 도쿄대학의 심리학 교수였던 라파엘 쾨버와 같은 인물에 의해 사상적인 전환이 이루어졌다. "나의 학생들은 모두 철학자이다. 철학자로서 그들은 영적인 무기로 시대정신(zeitgeist)의 확장을 위해 투쟁하고 있다."라고 한 때 퀘버가 말한 바 있다. 니시다 케타로(17세 때에 우연히 스즈키를 만나 평생 동안의 친구가 되었다.)와 같은 교사와 철학자를 겸한 사람들이 이러한 열정을 고등학교 수준으로 옮기어 괴테독서회와 같은 과외 그룹을 형성했다.

그러나 일본의 엘리트 가운데 어떤 사람들은 내면의 자아에 대한 탐구를 불건전한 것으로 간주했다. 그런 탐구는 사회적 불안에 대해 나라를 강화하는 것보다 더 필요로 되는, 공공이 약속한 '신사(紳士)'라는 메이지의 이상을 저해하기 때문이라는 것이었다. 고등학교 남학생으로 높이 300피트의 절벽 위에서 일본이 자랑하는 키곤폭포의 웅덩이에 떨어져 내린, 1903년에 발생한 후지무라 미사오의 자살은 소위 은둔주의에 대한 염려에 기름을 부은 격이 되었다. 그는 자살하기 전에 참나무에 「절벽에서의 느낌」이라는 자신의 비문을 새겼다. 그의 마지막 말의 일부는 다음과 같다.

'결국 진리에 대한 오직 하나의 단어는 '이해할 수 없는 것'이라는 것만이 있을 뿐
이 물음에 대한 나의 고뇌가 결국 나를 죽고자 하는 결정에 이르게 했다.
그러나 지금 절벽에 서 보니
나의 마음 깊은 곳에 아무런 걱정이 없다.

처음으로 나는 커다란 슬픔은 커다란 행복과 함께 하나 됨에
있음을 깨닫는다.'

후지무라는 가족이나, 학교, 또는 나라를 위해 죽은 게 아니라 순전
히 '자기중심적(自己中心的)인' 이유로 죽었기 때문에 온 나라에 그의
이름이 알려졌다.

> 시대정신: 한 시대의 문화적 소산에 공통되는 인간의 정신적 태도나 양식
> 또는 이념을 가리키는 말, 이 말은 1769년 독일의 헤르더가 처음 사용한
> 이래 괴테를 거쳐 헤겔에 이르러 역사적 과정과 결합한 보편적 정서, 민
> 족정신과 결부된 현대적인 개념으로 정착되었다.

국가 이념의 상실에 대한 놀람, 이러한 상실의 징후는 한편으로는
은둔주의가 되고 또 다른 한편으로는 사회주의가 되어 20세기의 최
초 10년을 통해 증대되어 1908년의 보신칙령(Boshin Imperial Rescript)
이라는 결과를 낳았다. 이 문서는 사적인 행위의 과잉을 비난하면서
국민도덕을 통한 상, 하의 통합된 정신적 자세를 강조했다. 시민의 도
덕을 혁신하는 과제는 불교와 기독교 조직 모두가 받아들였으며 동
시행정 표준화라는 정부 정책을 수행하기 위해 수천 개소 단위로 병
합되고 폐지되기도 한 신도(神道)도 이 과제를 받아들였다.
　　정부가 강요한 도덕은 지식인들로 하여금 국가 권력을 넘어 문화라
는 규정 내지 항목 아래 점차 증대되어 가던 영역인 개인의 영역에 대

한 탐색을 강화시켰을 뿐이다. 이와 같은 개인적인 수양의 신성한 공간은 정치와 기계 문명이라는 세속을 초월하는 공간으로 이 또한 '종교'와 '영성(靈性)'이라는 영역과 자주 융합되었다. 1909년에 이르러 6년 전에 후지무라가 자살한 바 있는 고등학교의 토론클럽 멤버들은 다음과 같은 내용의 성명을 발표했다.

> '오늘날 토론클럽은 빠른 속도로 종교적이고 영적인 문제로 이동하고 있다. 외부 세계의 문제에 대한 우리의 관심은 줄어들고 있으며 우리는 기숙사 정치의 직접적인 관여에서 스스로 비켜서야 한다는 느낌을 지니고 있다.'

'기숙사'라는 단어를 '국가'라는 단어로 대체해 보면 위의 선언은 좀 더 광범위한 사회 계층을 이루는 많은 지성인들의 자세를 요약한 것이라 할 수 있다. 외적인 문제들을 외면하면서, 아베 지로와 구라다 하큐조 같은 작가들이 당시 급속하게 성장하던 일본의 중산 계층에서 인기가 높았던 고뇌에 찬, 고백적인 문학작품을 내어 놓았다.

이런 문학작품들은 '개인주의'의 깃발 아래 다시 규합하였다. 그러나 같은 슬로건을 내건 개혁주의자들에 의해 이런 작품들은 비판을 받았다. 이들 개혁주의자들에는, 페미니스트, 사회주의자, 그리고 공공의 도덕을 무시할 뿐 아니라 아예 그것을 바꾸려 했던, 사회적인 문제에 연루된 또 다른 개인주의자들이 포함되어 있었다. 이들은 문화(혹은 개인화된 종교)를 영원한 은둔을 위한 수도원으로 보기보다 개혁주의자의 사회운동을 위한 전진기지로 생각했다. 「한쿄(Hankyo)」라는 잡지의 발행인 이쿠타 쵸코는 1914년에 "사회가 진보할 수 있는 것은 개개인 스스로의 향상에 의할 뿐이며, 우리가 스스로를 향상시킬 수 있는 것은 사회의 진보에 의할 뿐"이라는 말로 이런 변증적인 자세를 요약하기도 했다.

스즈키 역시 한편으로는 어리석은 국가지상론에 반대하는 개인주의를 주창했고 또 다른 한편으로는 자아 중심의 내성(內省)을 주장하기도 했다. 1909년에서 1921년까지 스즈키는 엘리트 계층의 중등학교인 가쿠슈인(당시의 일본 사회의 귀족학교)에서 영어를 가르쳤다. 그곳에 있던 동안에 그는 특권층의 학생들에게 다음과 같이 주의를 환기시켰다.

"개인주의는 이기주의가 아니다. 개인주의는 자신의 주인이 되는 것을 의미한다. 윤리의 관점에서 보면 이는 오늘날의 젊은이들에게 결여되어 있는 그 무엇이다. 물론 개인주의는 위험 또한 지니지만 그 장점을 무시해서는 안 된다. 나로서는 그 장점을 고수하려 한다."

스즈키는 공공연하게 평등주의적인 개인주의를 옹호하지 않았다. 미국 자유주의의 노블리스 오블리제라는 윤리에 호응하면서 그는 교육받은 엘리트 계층이 사회에 도움이 되도록 그 특권의 이점을 활용할 것을 원했다. 그럼에도 불구하고 그러한 정서는 가쿠슈인의 교감으로, 1912년에 메이지 천황이 사망하자 따라서 자살을 함으로써 자신의 절대적인 충성심을 과시한 노가 마레수케 장군의 군인정신에서 잘 표출되었다. 노기의 자살 소식은 온 나라를 놀라게 했으며 폭풍같은 토론을 야기했다. 어떤 사람들은 편벽되고 역행적인 자세라 비난하는가 하면 또 다른 사람들은 그 정신의 순결함을 찬양했다.

자신의 상관의 행위에 대하여 스즈키는 노기를 판단하는 것은 다른 사람들의 뜻에 따라 정해지는 것이 아니라 주장했지만 "그를 흉내 내는 사람은 어리석은 사람"이라는 말을 덧붙였다.

메이지 천황과 충성스런 노기 장군의 죽음에 즈음하여 일본은 타이쇼 천황 치하의 새로운 체제로 들어섰다. 나라 전체가 수년 전에 이미 통렬한 변화를 겪었지만 천황의 죽음은 많은 이들에게 구시대의 종식과 새 시대의 탄생에 힘이 실리는 것으로 여겨졌다. 1908년의 보신 칙령에 이르게 한 근심거리들은 다이쇼 시대로의 전환을 강화시켰을 뿐이다. 국가와 시민 도덕의 옹호론자들은 특히나 신세대에 대해 우려했다. 저널리스트인 토구토미 소효의 다음과 같은 말 속에 이런 우려가 잘 표현되어 있다.

'냉담하고 특색이 없는 젊은이들과 삶의 문제를 고민하고 절망스러워 하는 젊은이들, 입신양명의 열기에 휩쓸린 성공지향적인 젊은이들, 야망이 없는 젊은이들의 실례들, 이처럼 분열되어 있는 것이 타이쇼 시대의 젊은이들이다.'

이러한 관심들에 대한 국가의 응답은 신도와 불교, 그리고 기독교 기관의 제도를 통해 '국가 도덕'을 추진하는 것이었다. 그러나 이러한 영적인 위기라는 일반적인 의식의 와중에 스즈키는 자신의 저서 『스베덴보리』의 서문에서 매우 다른 해결책을 제시했다.

그들이 처한 물질적인 산업 문화의 허상을 깨뜨리기 위해 새로워진 영성의 필요성을 언급한 뒤 스즈키는 다음과 같이 말하고 있다.

"물론 제도화된 종교는 전체적으로 국가와 연결되어 있다. 그러나 한 가지 관점에서 종교는 기질, 기호, 교육 그리고 개인의 환경과 같은 것들의 지배를 받는 철저히 개인적인 것이다. 그러므로 국가라 할지라도 사람들의 의지에 반하는 종교적인 헌신을 강요할 권리는 없다. 분명한 것은 종교는 내면으로부터 열매를 맺고 꽃처럼 자연스럽게 개화한다는 것이다. 그러므로 사람들의 마음 속의 종교적인 갈증에 호응하여 많은 곳으로부터 여러 가지 신조(信條)와 철학을 도입하여 사람들로 하여금 그들의 개인적인 성향에 맞는 것을 선택하게 해 줄 필요가 있다."

스즈키는 국가의 표준화정책에 반대하면서 종교적인 개념의 '자유 시장'을 추진했다. 그는 근대 일본의 소비자 윤리와 맞서 싸우는 대신 교육자들은 영적인 슈퍼마켓에 가능한 한 많은 부류의 사상을 공급함으로써 고객의 편의를 도모해야 한다고 말하고 있다. 스즈키는 스베덴보리의 인격과 라이프스타일을 다룬 장(章)에서 스베덴보리가 자신의 조국인 스웨덴에서는 그의 비정통적인 교리의 확대를 허용하지 않았기 때문에 어쩔 수 없이 그의 종교적인 저술들을 영국과 네덜란드에서 출판할 수밖에 없었다는 것을 언급하면서 국가의 종교 통제에 대한 반대를 거듭 천명했다.

스즈키는 자신의 관점을 관철하기 위해 다수의 자유사상가들의 사상을 선택할 수도 있었겠지만 그가 '개인에 대한 전형'으로 제시코자 결정한 것은 스베덴보리의 삶이었다. 스베덴보리의 어떤 점이 스즈키의 마음을 그렇게 움직였을까? 스즈키가 스베덴보리의 신학에 감탄한 것은 분명하지만 그는 스베덴보리라는 개인을 설명하는 데에 특히 관심이 있었다. "그는 영적인 사람이었다. 그런데 지금 20세기에 우리는 그의 인품의 힘에 감동하고 있다. 단지 이 이유만으로도 우리는 그의 삶에 대하여 알아야만 한다."

『스베덴보리(Suedenborogu)』에서 스즈키는 스베덴보리의 생애를 전반기와 후반기로 양분하고 각기 장(章)을 두어 설명하고 있다. 제1장에서 스즈키는 스베덴보리의 과학적인 성취를 열거하면서 이러한 성취가 이론적인 학문에 머물지 않고 연금술과 공학과 같은 실용적인 기술로 확대되었음을 지적하고 있다. 스베덴보리는 당시 스웨덴에서는 요직이었던 '광산국 특별사정관'으로 봉직하면서 이러한 지식을 활용했다. 스즈키는 스베덴보리가 스웨덴 통화의 변동에 대한 소중한 저술을 남겼고 스웨덴 최초의 대수학 교과서를 출판한 점을 언급했다. 이러한 과업을 성취하기 위해 스베덴보리는 수학, 물리학, 그리고 유럽 계몽주의의 학문이 훨씬 앞서 있던 독일과 네덜란드 같은 나라로 유학을 갔다.

우리가 접하게 되는 스베덴보리의 모습은 유럽 대륙의 지식을 자신의 고국에 전하는 데에 열중한 실천적인 젊은이였다는 것이다. 1913년에 이르러서 이러한 내용을 읽어 본 적이 전혀 없는 일본인들은 18세기 초의 스베덴보리와 19세기말 중엽의 메이지 국가의 창설자들 사이에 그어져 있는 평행선을 이해할 수 없을 것이다. '메이지 시대의 소수 독재자들' 역시 계속해서 유럽으로 사절단을 보내어 그들의 현대적인 제도에 대한 직접적인 지식을 획득하여 일본으로 도입해 스웨덴의 경우처럼 근대화된 여타의 국가들과 경쟁할 수 있는 국가를 세우려 했다. 스베덴보리는 자기희생과 국가주의라는 메이지 시대의 가치를 구현케 해 준 신뢰할 수 있는 견실한 인격을 갖춘 진정한 신사였다. 그는 자기 나라에 과학 기술에 대한 지식을 들여왔을 뿐 아니라 1719년에(스베덴보리가 31세였을 때) 그의 가족들이 귀족의 작위를 받은 시점으로부터 상원의원으로 봉직하기도 했다. 스베덴보리가 평민이 아니라 남작이었다는 사실은 일본의 귀족 자제들에게 영어와 교양윤리학을 가르치던 스즈키에 대해 특별히 두드러진 점을 지녔음에 틀림없다.

제2장에서 스즈키는 스베덴보리의 삶을 전환시킨 신비주의적인 경험을 열거하면서 처음에는 이러한 경험들이 그를 크게 고뇌케 했다고 언급하고 있다. 그러나 스베덴보리는 결국 자신의 계시를 받아들이고 애초에 과학에 전념하던 에너지를 자신의 영계에서의 여러 만

—

남을 이야기하고 설명하는 데에 쏟아 부었다. 외부 세계에 대한 연구에서 내면의 세계에 대한 모색으로 전환한 스베덴보리의 후반기의 생애는 메이지(明治)와 타이쇼(大正) 시대의 일본 지성인들 사이의 전반적인 '내면으로의 이동'과 상응한다.

그러나 스즈키는 스베덴보리의 신비주의와 종교로의 전환이 그의 이전 생활을 완전히 폐기한 상태로 만들어 버린 것은 아니라 강조하고 있다. 그는 스베덴보리가 물질적인 세계에서 그러했던 것과 같은 종류의 탐구적인 열정을 영적인 세계에도 기울였다고 설명하고 있다.

"자신의 이전의 철학적인 연구와 과학적인 연구가 하나님의 의지에서 배제되고 자신의 진짜 소명과 관계없다는 것을 감지하면서 스베덴보리의 태도는 완전히 바뀌었다. 그러나 내가 본 바로는 스베덴보리의 소위 세속적인 생애와 그의 영적인 생애 사이에 허물 수 없는 거대한 틈새는 존재치 않은 것으로 보인다. 그 이유는 그의 영적 전환 이전의 사고와 정신적 기질이 그의 영적인 삶에서도 그 지속성을 보여 주고 있기 때문이다."

창세기와 출애굽기의 내적 의미인 영적 의미를 밝힌 여러 권으로 된 『천국의 비밀』을 검토한 뒤 스즈키는 다음과 같이 말하고 있다.

여기에서 주목해야 할 한 가지 사항은 그처럼 방대한 영적 작업을 이루어내었음에도 불구하고 스베덴보리는 스웨덴의 공공재정과 행정에 대한 자신의 당당한 견해를 아무런 주저함이 없이 표현함으로써 상원의원으로서의 자신의 의무를 계속 수행했다는 점이다. 이러한 그의 견해는 학자나 종교 사상가들에 의해 흔히 이루어지는 막연하고 공상적이며 추상적인 저술이 아니었다. 그의 구체적인 계획은 항상 그의 시대의 악인들의 마음에 쓰라림을 안겨 주었다.

여기에서 스즈키는 불안에 짓눌린 개인주의자들과 정치로부터의 그들의 은퇴를 비판하고 있다. 그는 메이지 시대의 공적인 의무와 타이쇼 시대의 사적인 내성(內省) 사이에 허물어 내릴 수 없는 틈새가 있어야만 할 필요가 없다고 설명하고 있다. 우리는 사실 개인적인 깨달음을 추구하면서 국가의 이데올로기에 굴복함이 없이 사회의 발전을 도모할 수 있다. '문화'와 '영생(永生)'의 영역은 세상으로부터의 영원한 퇴거가 아니라 자아의 구속을 극복하여 대신 남들을 돕는 방법을 배우는 장소여야만 한다. 스즈키는 스베덴보리의 교리에 따라 그 점을 이야기할 때 다음과 같은 점을 강조하고 있다.

'믿음만으로 구원은 불가능하다. 우리는 자비와 사랑이 더해지고 나서야 구원이라는 열매가 맺어진다는 것을 인지하여야 한다. 처음부터 회개하는 마음을 지니고 자신의 죄를 인정하고 사랑과 지혜에 어울리는 선한 행위를 쌓아 올리는 것이 매우 중요하다.'

자신의 서문에서 스즈키는 앤더스 폰 휩켄 백작이 스베덴보리의 종교를 항변한 내용을 소개하고 있다.

휩켄 백작은 "이 종교는 어떤 다른 종교보다 우선적으로 그리고 더 높은 등차(等次;degree)에서 가장 정직하고 근면한 주제들을 제시하고 있음에 틀림없다. 이 종교는 정확하게 쓰임새(uses)에 하나님의 경배를 두고 있기 때문이다."라 하였다. 그 후 책 속에서 스즈키는 스베덴보리의 생활양식이 지극히 단순했으며 죽는 날까지 검소하고 근면했다고 기술하고 있다.

윤리적인 성격을 형성하기 위한 수단으로서의 종교의 장려는 스즈키가 1911년 선불교에 대한 강연에서 제시한 내용과 일치한다. 그는 당시의 강연에서 선불교를 사람의 인격이 거듭해서 단련되는 도덕적 철침(anvil)으로 표현했다. 그러나 1936년에 영국과 미국에서 선과 일본의 문화에 대한 강연을 (일본 외무부 후원으로) 할 때까지 스즈키는 그러한 정신적 기질에 대한 표현을 중단했다. 증대하는 군국주의와 국수주의에 직면하면서 그 역시 개인주의적인 유미주의자로 퇴거해 있었다. 예를 들어 '도덕적 모루(anvil)'로서의 선에 대한 이전의 진술과 주로 1936년의 강연을 기본으로 한 그의 저서『선과 일본문화에 대한 선의 영향』에 나오는 다음과 같은 주장은 매우 대조적이다.

'예술의 충동은 도덕의 충동보다 더 원시적이고 선천적인 것이다. 사람의 마음을 움직이는 예술의 힘은 무엇보다 직접적으로 인간의 본성에 와 닿는다. 도덕은 규정적이고 예술은 창조적이

—

다. 전자는 외부로부터의 부과요, 후자는 억제할 수 없는 내부로부터의 표현이다. 선은 예술과는 어쩔 수 없이 관련을 갖지만 도덕과는 그런 관련을 갖지 않는다. 선은 비도덕적인 상태로 머물러 있을 수는 있겠지만 예술이 없이는 그렇지 못하다.'

　그 뒤 같은 책에서 스즈키는 선에는 어떤 특별한 교리나 철학이라는 것이 전혀 없기 때문에 선은 무정부주의, 파시즘, 공산주의나 보수주의, 무신론이나 이상주의, 또는 어떠한 정치적 독단론이나 경제적 극단론과도 결합될 수 있다고 기술하고 있다.
　그런 식으로 스즈키는 수년 전 스베덴보리에 대한 그의 저술에서 자신이 비판했던 비정치적인 문화주의자의 비밀장소로 자신을 미화했다. 로버트 샤르트가 '선과 일본의 국가주의'에서 언급하고 있듯 스즈키 역시 점점 광신적인 애국주의자가 되어 가고 있었다. "나는 문화적인 편견을 가지고 스즈키를 비난하고 싶지는 않다. 국가적인 자부심은 가장 비판적인 사상가들마저도 굴복시키는 강력한 힘이기 때문이다." 나아가 키리타 기요히데는 다른 다수의 선불교도와는 달리 스즈키는 진심으로 '군부(軍部)'를 지지하지 않았고 불교 학문에 전념하면서 1930년대와 1940년대를 보냈다고 지적했다. 그러나 스즈키가 전쟁에 반대하는 확고한 태도를 취하지 않았고 또 군대와 신도(神道) 국수주의자들을 정면으로 비판하는 에세이를 쓰지 않았음은 분명하다. 어떤 대안도 보이지 않자 그는 고도로 개인주의화된 종교적인 미학으로 물러나 앉았다.

사회역사학적인 관심으로부터의 이러한 전이는 처음에는 1924년
에 논문으로 쓰였다가 1927년에 발행된 그의 저술『선: 기타 에세이』
속의 짤막한 한 장(章)으로 재발행된「스베덴보리의 천국관과 타력신
앙」이라는 글 속에서 이미 간파될 수 있었다. 1913년에 발행한『스베
덴보리(Suedenborogu)』에서 스즈키는 스베덴보리주의와 불교사상 몇
가지를 비교하였으나 이것들은 자신이 스베덴보리를 모범적인 개인
으로 소개하는 바람에 빛을 보지 못했다. 만년의 에세이는 대조적으
로 스베덴보리의 전기는(마지막 구절의 요점은 별도로 하고) 배제하고 대
신 스베덴보리의 천국을 불교의 정토사상과 연관시키는 데에 전력을
기울였다.

그의 수많은 저술에서와 같이 스즈키는 여기에서도 근본적으로(한
편으로는 공간적으로 우리들의 제한된 세계로 변형되고 다른 한편으로는 낙원
으로 변경되는 개념들인) 자유 의지와 보편적인 구원, 이들 사이의 명백
한 모순을 해결하는 데에 관심을 기울이고 있었다.

신도(神道): 일본인들의 정신생활의 기반이 되어온 일본의 민족신앙으로
조상의 유풍을 따라 신을 받들어 모시는 국민 신앙이라 할 수 있다.
정토사상: 불교는 원래 스스로 수행하여 해탈을 성취하는 자력 구원의 신
앙이나 불교가 대중화되면서 부처나 보살의 본원력에 의지해 구원받고자
하는 타력신앙이 널리 유통되었다 그 대표적인 것이 바로 정토사상이다.

예를 들면, 1927년에 발행된 책의 앞부분의 여러 장(章)에는 '자력신

앙(自力信仰)과 타력신앙(打力信仰)', '선(禪)과 염불(念佛)' 그리고 '간화선(看話禪)과 염불선'들의 내용이 포함되어 있다. 이 세 가지 소논문 모두에서 스즈키는 선의 자력과 정토신앙의 절대적인 믿음 간의 불일치를 해결하고자 했다. 그가 생각하는 바를 간략하게 표현해 보자면 그는 선과 정토종 모두 무욕(無慾)이라는 똑같은 목적을 지향하고 있으며 타력에 의존하고자 하는 결정은 실제로 자력이라는 수단을 필연적으로 수반하고 극단적인 수단에 내몰린 자력신앙은 결국 자기의 포기에 이르게 되고 타력에의 의존에서 절정을 이룬다고 결론지었다.

스베덴보리에 대한 소논문에서 스즈키는 다시 스베덴보리 신학에 나오는 어휘인 천사, 순진무구(innocense), 하나님의 사랑 등등의 어휘를 통해 이 문제점을 모색했다. 여기에서 스즈키는 스베덴보리를 역사적인 한 개인으로 표현하는 것이 아니라 그의 진리에 대한 인식이 형식에 있어서는 불교의 그것과 다르나 본질에 있어서는 다르지 않은 영원한 신비주의자로 설명하는 데에 관심이 있었다. 상응이라는 교리는 불교 교리에도 유익하게 적용될 수 있다고 기술한 후에 "만일 스베덴보리가 기독교의 천국과 함께 하지 않고 불교철학을 터득했더라면 그는 어떤 종류의 '숨은 의지(hidden will)'를 찾아내고자 했을까?"라고 추측하기도 했다. 이처럼 스즈키는 불교와 스베덴보리주의 간의 유력한 유사성을 찾아내었기 때문에 아이러니컬하게도 그의 만년의 저술에서는 스베덴보리라는 이름을 찾아보기 힘들다.

스즈키는 이따금 스웨덴의 신비주의자를 언급하기는 했으나 충분한 불교 지식이 갖추어져 있던 그로서는 더 이상 스베덴보리의 특별

—

54

한 심상(imagery;心象)과 교리가 필요 없었던 것이다. 마침내 스베덴보리는 스즈키의 불교의 통찰력과 일치하는 존재인, '북쪽의 붓다'가 되었지만 1913년에 발행된『스베덴보리(Suedenborogu)』에서는 특별한 절박함을 주는 독특한 우연성을 놓치고 있다. 스즈키가 역사적인 사회 변화의 활동무대에서 물러나면서 스베덴보리에 대한 그의 관심은 스베덴보리의 이 세상에서의 생활에서 스베덴보리의 영원한 진리로 옮겨졌다. 스베덴보리의 영원한 진리는 그가 본 바와 같이 불교의 언어를 통해서 잘 표현될 수 있으며, 기독교의 맥락에서 마이스터 에크하르트와 같은 사람의 저술들을 통해서도 잘 표현될 수 있었다. 반면에 스베덴보리는 희미한 붓다의 형상 속으로 사라져 버렸다.

염불(念佛): 불교 수행법 가운데 하나. 부처와 보살에 의지하여 구원을 바라는 타력신앙으로 부처의 명호(名號)를 부른다.

간화선(看話禪): 불교에서의 선 수행 방법의 하나로 화두(話頭)를 들고 수행하는 참선법.

염불선(念佛禪): 중도실상(中道實相), 곧 진공묘유(眞空妙有)의 경계를 관찰하고 상념하는 염불을 실상염불(實相念佛)이라 하는 바 그것이 또한 본래면목(本來面目)을 참구하는 염불선이다.

정토종(淨土宗): 대승불교의 한 종파로 오늘날 동아시아에 널리 유포되어 있다. 이 종파에서는 누구든지 깊은 신앙심으로 아미타불의 이름을 부르기만 하면 아미타불의 서방 정토, 곧 극락세계에 태어나게 된다고 믿는다.

* 베른슈타인은 이 글에서 스즈키 박사가 이 책을 집필하던 당시의 일본 사회에 대해 어떻게 보면 장황할 정도의 자세한 설명을 베풀고 있습니다. 이는 스즈키 박사가 스베덴보리와 그의 신학사상을 일본 사회에 소개해야만 했던 당시의 일본의 시대적 상황과 연결된 어떤 필연성을 뒷받침하고자 한 그의 의도로 이해해 주셨으면 합니다. 사실 서구 물질문명의 급격한 유입으로 전통과 현실의 충돌 속에 혼란했던 당시의 일본의 사회상과 그들의 정신세계는 오늘날의 우리 사회상과 정신세계를 되돌아보게 하는 면이 적지 않다는 생각도 들게 합니다.

1부

스베덴보리
- 생애와 신학

서문

❧ ❧

다이제츠 다이타로 스즈키

신학에서의 혁명적인 인물, 천국과 지옥의 여행자, 영적 세계의 일인자. 신비주의 영역의 제왕, 역사상 천리안을 지녔던 유일한 사람, 유례없는 활동력을 지녔던 학자, 통찰력이 돋보이는 지성을 지닌 과학자, 세속적인 어려움을 벗어난 신사, 이 모든 것이 하나가 되어 스베덴보리라는 인물을 이룬다. 오늘날 우리 사회는 종교 사상의 분야가 마침내 위기의 상태에 이르러 있다. 자신의 영(靈;spirit)을 계발하고자 하는 사람, 시대를 개탄하는 사람들은 절대적으로 이 사람에 대하여 알아보아야만 한다. 이것이 이 책을 내는 이유이다.

1913년 10월

제1장
독자에게 드리는 말씀

⟫⟫⟩ ⟨⟨⟨

스베덴보리라는 신학자의 이름은 우리 사회에 비교적 잘 알려져 있지 않다. 다소나마 서구 종교에 관심이 있는 사람들은 마르틴 루터, 존 웨슬리, 조지 폭스, 그리고 존 칼빈 같은 사람들의 이름은 들어 알고 있으나, 150여년 전에 역사상 유일한 스웨덴인 신학자가 존재했었다는 것을 아는 사람은 거의 없다. 그는 개인적으로 천국과 지옥을 여행했을 뿐 아니라, 천국에서는 중요한 인물들을 접견하고 그들의 의견을 구하여 신학, 철학, 그리고 심리학에서 새로운 발견을 이루어 내었다.

그의 이름을 들어 알고 있는 사람들 중에서도 그가 오늘날의 문화와 사고에 딱 들어맞는 인물이라고 믿는 사람은 거의 없다. 믿는 사람들이 있다고 하더라도 그들은 그를 심리학적으로 비범한 인물이라 생각하고 연구에 필요한 단편적인 자료 정도로 치부해 버린다. 그러나 스베덴보리를 진지하게 연구하는 사람들은 그가 여러 관점에서 많은 관심을 끄는 연구 주체(실체)임을 알게 된다.

무엇보다도 스베덴보리는 천국과 지옥을 여행하고 사후 사람의 실제적인 상태를 자세히 목격했다고 말했다. 그의 진술은 정말 진지했다. 그의 진술에는 조금의 과장도 없고 상식적인 관점에서 살펴보아도 진실과 매우 훌륭하게 일치되는 것으로 여겨진다. 이 점이 스베덴보리가 관심의 대상이 되는 첫 번째 이유이다.

마르틴 루터(1483~1546): 독일의 성직자, 성서학자, 그의 사상과 저술에서 비롯된 종교개혁운동은 개신교를 낳았으며 종교, 사회, 경제, 정치, 사상에 커다란 영향을 끼쳤다.

존 웨슬리(1703~1791): 영국 출신의 신학자로 감리교운동을 시작하여 영국과 미국의 감리교단을 형성했다, 그의 사역과 저술은 감리교뿐 아니라 19세기 성결운동과 20세기 오순절 및 기독교 사회복지운동에 큰 영향을 미쳤다.

조지 폭스(1624~1691): 잉글랜드의 설교가이자 선교가, 퀘이커교(프랜드회) 창시자, 그는 개인적인 신앙 체험으로 교회의 관습에 반대하면서 성서적 권위와 신조를 초월하는 내적인 빛, 즉 하나님으로부터 오는 영감(靈感)에 의존하였다. 유명한 그의 "일지(Journal)"에는 다음과 같은 구절이 있다. '문자로 씌어져 있어도 문자에 의해서나 인간의 도움으로 보지 못했던 것들을 나는 주 예수 그리스도의 빛 속에서 보았고 그의 직접적인 성령과 힘에 의해서도 보았다. 하나님의 성스러운 사람들도 그러했으며 그들에 의해 성서는 씌어졌다.'

존 칼빈(1509~1564): 프랑스 출신의 개척교회 신학자이자 종교 개혁가. 『기독교 강요』 등을 통해 개신교 신학을 집대성했고 이러한 그의 신학은 개척교회와 장로교를 통해 많은 부분 계승되고 있다.

우리들 인간이 살고 있는 이 세상에도 인간의 오감(五感)의 영역과는 별개인 영적인 영역이 존재하는 것으로 여겨진다. 우리가 어떤 심리적인 상태에 들어가면 우리는 그 영역을 분명하게 함께 할 수 있다. 이러한 다른 영역의 환경이 세속적인 세계와 도덕적인 관계는 전혀 없다고 생각하더라도 과학과 철학의 관심의 대상이 되는 많은 것들이 이 영역에 존재하고 있다. 이 점이 스베덴보리를 세밀히 알아보아야 하는 두 번째 이유이다.

스베덴보리의 신학 교리는 불교 교리와 유사한 점이 매우 많아 그는 인간은 자아(自我;proprium)를 포기하고 하나님의 사역과 일치하는 행동을 하여야 하며 진실한 구원은 믿음과 행동의 조화로운 통합이고 하나님은 그 자체가 지혜이자 사랑임을 증거하고 있다는 가르침을 폈다. 나아가, 그는 사랑은 지혜보다 더 크고 깊으며 하나님의 섭리를 초월해 존재하는 것은 아무 것도 없다고 말하고 있다. 이 세상에는 (우연히 남겨진) 물건은 단 하나도 없다. 그래서 우리는 단 한 획의 글씨에서도 하나님의 지혜와 하나님의 사랑의 계시를 증명할 수 있다. 거기에도 하나님의 섭리가 깊이 스며들어 있기 때문이다. 이런 종류의 쟁점이 종교학자들, 특히 불교학자들의 관심을 끌고 있다. 이 점이 우리가 스베덴보리를 연구해야만 하는 세 번째 이유이다. 지금까지 언급한 세 가지 사항 중 단 한 가지 사항만 가지고도 스베덴보리는 연구할 가치가 있는 사람이다.

그는 역사적으로 유일한 인물이기도 하다. 비슷한 예를 찾아내기가 얼마나 어려운가를 생각할 때 그를 소홀히 여겨서는 안 된다는 생각을 하지 않을 수 없다. 과학적인 천재성과 종교적인 천재성이 불가사의하게 결합되어 그처럼 심원한 사람을 태어나게 했다는 사실은 심리학적인 연구의 관점에서 좋은 재료가 될 뿐 아니라 그는 대단한 활력과 속된 더러움을 벗어난 특질을 지닌 사람이었기 때문에 그의 생애는 여러 과목을 가르치는 사람의 전형(典型)으로 소용되기도 한다. 그의 일대(一代)의 과정에 격렬한 변화는 전혀 없었기 때문에 우리를 현혹케 하는 어떤 특별한 것도 없다. 그러나 그는 84년 동안의 삶을 과학과 종교에 전념했으며 그의 매일 매일의 존재는 무한한 경이로 가득 차 있었다. 그는 영적인 사람이었다. 그래서 20세기를 맞은 오늘날에도 우리는 그의 인품의 힘에 감동을 받고 있는 것이다. 단지 이 이유만으로도 우리는 그의 생애에 대하여 알아보아야만 한다.

'그의 책들을 읽거나, 그의 일대를 조사하고 또 그의 생각을 들여다볼 때면 마치 스베덴보리의 모습이 눈앞에 나타나는 듯한 느낌을 갖게 된다. 그는 이마로부터 흘러내리는 금욕의 영기(靈氣)를 지닌 호감이 가는 노인이다. 그의 육신은 이 더럽혀진 세상을 벗어날 수 없다 해도 그의 마음의 눈은 항상 천국의 신비로 가득 차 있다. 그가 안개 속을 걸을 때면 경이로운 즐거움이 솟아올라와 그의 발 아래에서 분출하는 듯하다. 누군가가 이 노인에게 천국의 길과 같은 그런 것에 대한 질문을 하면 그는 마치 결코 고갈되지 않는 산 속의 개울물처럼 끈기 있게 반복해서 그 점에 대한 설명을 한다. 그의 설명은 결

—

코 기괴한 환상 같은 것이 아니다. 그는 마치 오감으로 이루어진 우리들 세계에서 일어난 세속적인 사건인 양 말한다. 듣는 사람들은 경악하고, 그들의 마음은 당황함을 금치 못한다. 그럼에도 불구하고 그는 이러한 일들이 일상의 상태인 것처럼 생각한다. 이것이 그의 마음을 알아내기 쉽지 않은 이유이다.'

그의 인격과 교리는 그렇다 하고 스베덴보리는 이 세상에 충분히 알려져야만 한다. 그는 그와 동시대를 살았던 칸트와 웨슬리처럼 우리 사회에 널리 유포되어야만 한다. 그러나 소수의 사람들만이 그의 말을 믿는 데에는 두 가지 이유가 있다.

한 가지 이유는 그의 저술이 지극히 장황하다는 것이다. 그는 어린 아이를 가르치는 노인처럼 같은 사항을 거듭거듭 되풀이한다. 일반적으로 사람의 명성이 다음 세대에 이어지는지의 여부는 그 사람의 사고의 고결함에 의하지 않는다. 평범한 생각일지라도 능숙한 웅변술로 인해 그것이 후대에 전해진 경우가 많다. 흔히 사람들은 말하고 있는 내용이 특별히 현명한 것이 아니더라도 영도자로서 위엄이 있고 매력이 넘치는 누군가가 말을 하면 거기에 귀를 기울이는 경향이 있다. 일반 대중의 첫 번째 바람은 항상 자신들의 감각을 만족시키는 것이다. 그러므로 흔히 말하듯, 멜로디가 고상할수록 거기에 화합하는 사람은 더 적어진다. 맹자의 가르침은 순자의 가르침보다는 논리적으로 구성되어 있지 않지만 사람들은 맹자를 더 좋아한다. 맹자의 글이 우아한 반면에 순자의 글은 평이하고 진부하기 때문이다. 그러

—
63

나 순자의 논증 방법은 맹자의 그것을 능가한다. 논리라는 관점에서만 본다면 순자의 글은 널리 읽혀져야만 한다. 스베덴보리의 경우 역시 순자의 경우와 같다. 스베덴보리의 산문이 고아(高雅)해서 사람의 눈길을 끄는 것이었다면 널리 대중들의 환호를 받았을 것이다.

둘째로, 그의 진술은 우리가 사는 오감의 세계와는 동떨어진 세계와 관련된 것이어서 평범한 보통 사람들은 그가 말하는 내용의 대부분을 믿으려들지 않는다. 이 점은 스베덴보리가 이런 종류의 다른 세상의 이야기를 눈썹 한번 치커뜨는 경우도 없이 평범한 상태인 것처럼 말하고 있다는 사실로 해명될 수 있다. 그는 독자들이 의심스러워하는 그 어떤 것도 과장됨이 없이 평범한 것인 양 이야기한다. 그들은 스베덴보리가 정말 그런 경험을 했는지 의심을 할 수도 있고 그래서 그가 말하는 것들이 어떻게 그렇게 상식에서 벗어나 있느냐는 질문을 던질 수도 있다. 그러한 것들에 대하여 그가 너무나 차분하게 말하는 태도를 통해, 그들 나름대로 판단한 독자들은 그가 제정신이 아니라고 생각하고 미친 사람의 말을 믿을 수 있는 것인지 의아해할 수도 있다.

세 번째 이유는 사람들이 그의 설명이 너무 명확하고 독특하다고 생각한다는 것이다. 그가 설명하는 것들이, 상세히 파고들기 위해, 상황을 충분히 설명하기 위해, 정상적인 이해를 뛰어넘는다면 의심의 원인이 된다. 이런 사실로 인해 랄프 왈도 에머슨 같은 사람도 전적으로 스베덴보리에 전념할 수 없었던 것으로 보인다. 예컨대 스베덴보리가 "천국과 지옥이 있다."라고만 말했다면 아마도 많은 사람들이 그를 믿으려 했을 것이다. 그러나 그는 이러이러한 사람이 현재 타는 듯한 지옥의 열기 속에 고통받고 있으며 어떤 유명한 역사적인 존재가 1층천에 존재해 있다고 주장한다.

맹자(孟子): 공자의 정통유학을 계승, 발전시켜 아성(亞聖)으로 불리기도 한다, 인간의 성선설(性善說)을 주장, 자신의 사상체계의 핵심으로 삼았다. 순자(荀子): 공맹사상(孔孟思想)을 가다듬고 체계화했으며 사상적인 엄격성을 통해 이해하기 쉽고 응집력 있는 유학사상의 방향을 제시했다. 그는 성악설(性惡說)을 주장했다.

저 세상의 사람들과 몸소 이야기를 나누면서 그들의 말을 듣고 난 후 스베덴보리는 그들이 이 세상을 떠난 이래 그들의 견해가 엄청나게 변했음을 알게 되었다. 그가 그런 점들을 주장할 때 독자들은 그의 설명이 너무 사실적인 것으로 여겨져 경악을 금치 못한다. 나는 이 세상의 사람들이 지금껏 스베덴보리를 받아들이지 않은 한 가지 이유로 스베덴보리가 모든 것을 너무 상세히 이야기하고 있기 때문이라 믿고 있다.

그러나 마지막 분석에서 그러한 문제들은 대수롭지 않은 것이 된다. 우리는 전체적으로 믿음을 지녀야 하며 의심스러운 것에 논리적인 가능성을 끌어들여서는 안 된다. 스베덴보리의 설명은 일관성이 있으며 성실성을 띠고 있으며 설명에 대하여 정직하다. 그는 결코 남을 속이는 사람이 아니다. 그는 어떤 꾸밈도 없이 보고 들은 것들만을 이야기하고 있다. 우리가 그의 말을 믿느냐 마느냐는 것은 별개의 문제이지만 깊이 조사해 볼 만한 가치가 있는 이런 부류의 성실성에는 확실한 근거가 있음에 틀림없다. 이 사실이 우리의 도덕적이고 종교적인 생활에 특별한 관련성을 지닌다는 것을 생각할 때 우리는 이 사실을 무시해서는 안 된다.

특히 일본인들의 현재의(1913년 당시) 영적인 생활 상태를 잠시 들여다보면 그들은 물질적인 산업 문화의 허상에 지쳐 있지만 돌아서야 할 곳을 모르고 있는 것 같다. 정부와 국민들 모두 종교의 필요성을 느끼고 있지만 이런 필요성이 충족될 수 있는 방법을 적절하게 연구한 사람은 아무도 없다. 물론 제도적인 종교가 전체적으로 국가와 연결되어 있기는 하다. 그러나 이런 관점에서 보면 종교는 개개인의 기질, 기호, 교육 그리고 환경과 같은 것에 좌우되는 철저히 개인적인 것이다. 그러므로 국가라 할지라도 국민의 의지에 반하는 종교적 헌신을 강요할 수 있는 권리는 없다. 나아가 사람들의 마음은 전통이라는 관성을 통해 얻어낼 수는 없는 것이다.

분명한 것은 종교는 오로지 내면으로부터 열매를 맺으며 꽃처럼 자연스럽게 피어난다. 그러므로 사람들의 가슴 속의 종교적인 갈증에 호응하여 여러 곳으로부터 다양한 교리와 철학을 도입하여 개개인들로 하여금 그들의 성향에 따라 선택할 수 있게 해 줄 필요가 있다. 물론 스베덴보리의 주장을 모두 꼭 믿어야만 하는 것은 아니겠지만 거친 땅 속에 다이아몬드가 없다고 말할 수는 없다. 어느 쪽의 세계에도 보석은 있다. 이상하게 포장되어 온다는 이유만으로 보석을 거부하는 것은 어리석은 것이다. 나는 오늘날 일본에서 스베덴보리를 공부하는 것은 지극히 유익한 것이라 믿고 있다. 이제 내 나름대로의 이유를 대 보고자 한다. 평생 동안 스웨덴의 수상으로 있으면서 42년 동안 스베덴보리와 알고 지낸 앤더스 폰 횝켄 백작이 한 때 자신의 친구에게 다음과 같은 내용의 편지를 보냈다.

'나는 가끔 국왕께 말씀드렸네. 새로운 식민지가 생기면 새로이 시행되는 것이든, 기존의 것이든 그 어떤 종교보다 스베덴보리가 성경에서 끌어내어 전개한 종교가(그곳에 전도하기에) 가장 훌륭한 종교라고 말일세. 그렇게 말씀드린 데에는 두 가지 이유가 있었네. 첫째는 다른 어느 종교보다 더 우선하고 또 더 높은 등차를 지닌 이 종교는 가장 정직하고 근면한 주제를 제시하고 있음에 틀림없다는 것일세. 왜냐하면 이 종교는 하나님의 경배 속에 쓰임새(uses)를 적절하게 배치하고 있고 둘째로 이 종교는 죽음의 공포를 최소화하고 있네. 이 종교는 죽음을 단지 한 상태에서 다른 상태로의 전이(轉移)로 간주하고 있네. 더 나쁜 상황에서 더 좋은 상황으로 말일세. 그뿐만 아니라 나는 그가 언급한 원칙에 따라 죽음을 한 잔의 물을 마시는 순간에 다름없는 것으로 여기고 있네.'

폰 횝켄 백작이 한 때 언급한 바의 진실은 오늘날 어느 누구의 논리에도 남아 있다. 1910년 여름 동안에 백 년 전에 설립된 스베덴보리협회를 기념하기 위한 국제회의가 런던에서 열렸다. 나는 여기에서 당시 회장으로 당선된 에드워드 존 브로드필드 박사가 회의 개막식에서 행한 취임사의 일부를 여러분과 함께 하고자 한다. 연설 내용은 스베덴보리의 인격, 업적, 그리고 제반 연구사항에 대한 매우 공평무사한 설명으로 이루어졌다.

우리는 지금 스베덴보리를 기리기 위해 이곳에 모여 있습니다. 아마도 서로의 관점은 다를 수도 있을 것입니다.

스베덴보리를 선견지명이 있는 뛰어난 과학자로 간주하는 사람들이 있는가 하면, 이지적이고 독창적인 철학자로 그를 기리는 사람들도 있습니다. 뿐만 아니라 그를 깨친 선각자이자 천국지향적인 신학자로 보는 사람들도 많습니다. 그러나 우리 모두는 그가 다방면에 뛰어난 사람으로 그가 살던 시대의 가장 깊이 있는 학자의 한 사람이었음에 동의하는 바입니다. 또한 프레데릭 데니슨 모리스(1805~1872, 19세기 영국 성공회의 주요 신학자로 많은 저서를 냈으며 그리스도교 사회주의 창시자로 널리 알려져 있다)의 말을 빌리자면 우리 모두는 스베덴보리가 그가 살던 시대의 위대한 천재들 중의 한 사람임을 인정하는 바입니다.

여러분은 스베덴보리를 시인으로, 철학자로, 과학자로 그리고 신학자로 여길 수도 있겠지마는 우리는 이러한 그의 생애에서, 그리고 계속적인 그의 연구와 조사의 범위 안에서 주목할 만한, 뚜렷하게 특징지어지는 일련의 단계적 변화를 찾아내게 됩니다. 그는 단계별로 앞으로 나아갔지만 모든 단계는 뒷 단계의 예비적인 단계였습니다. 그래서 그의 절대적인 해명을 그의 가장 위대한 시간의 출발점으로 생각하는 사람들은 그의 이전의 모든 경험 속에서 모든 것을 아우르는 준비기간을 알아보게 됩니다. 그를 어떤 전기의 주체로만 생각할 경우 우리는 멀리서 보았을 때 활짝 트인 장엄하고 좌우 균형이 잘 잡힌 평지로부터 솟아오르는 거대한 산을 연상케 됩니다. 그곳을 향해 좀 더 가까이 접근하면 봉우리 위로 솟아오르는 (또 다른) 봉우리를 보게 됩니다. 이 지점까지는 의심의 여지없이 너무나 장엄하며 전반적인 조망과 같은 그 무엇을 한다는 것이 어렵다는 것을 알게 됩니다.

나는 스베덴보리의 생애와 저술을 체계적으로 연구해 본 모든 사람들은 이와 비슷한 어떤 것을 느꼈을 것이라 생각합니다. 그래서 그의 생애의 부수적인 사건들을 좀 더 세밀하게 주의를 기울여 관찰해 볼수록 우리는 더욱 더 자신있게 그의 생애 80년 동안 그는 한 점 티끌도 없이 깨끗한 하얀 색깔의 꽃처럼 순결한 삶을 살았다 말할 수 있을 것입니다. 그는 명성으로 인해 손상을 입지 않았습니다. 국왕과 왕자의 호의가 그의 겸손함을 손상시키는 경우가 없었으며 그의 성취의 탁월함의 인식이 그의 자만을 자극하지도 않았습니다. 그는 다른 사람들에게서 때로는 볼 수 있는 자신의 발견 사항의 우선권을 주장하지 않았습니다. 이러한 겸손은 그의 평생을 일관한 특징이었습니다. 처음부터 자신의 과학과 철학의 연구에서 그는 만물을 사랑하는 절대 무한한 신성(Infinite Deity)의 지고한 힘을 인정했고 따라서 그는 자신의 탐구로부터 자신의 동료들에게 도움이 된 어떤 것을 발견해 낼 때까지 결코 그 탐구를 멈추지 않았던 것 같습니다.

그는 항상 실용적인 것을 목적으로 분투, 노력했습니다. 아마도 여기에 있는 많은 분들은 그의 발명의 범위를 듣게 되면 많이 놀랄 것입니다. 발견 사항의 목록과 그가 항상 주의 깊게 받아 적은 설명과 묘사는 거의 전대미문의 것입니다. 과학자로서 그의 연구의 범위는 수학과 물리학에서 천문학, 광산학, 화학, 야금학, 해부학, 생리학, 지질학과 박물학으로까지 확대되었습니다. 철학자로서 그는 자신의 시대에 알려진 모든 체계를 연구했으며 철학의 다른 분야의 연구에 대한 그의 기여는 광범위하고도 독창적인 것이었습니다. 게다가 그는 정치인, 경제학자, 통화와 재정에 대한 실용적인 학자였습니다. 이 모든 주제에서 그는 탁월한 공훈을 성취했습니다.

제2장
스베덴보리의 생애(전반기)

❀❀❀ ❀❀❀

　엠마뉴엘 스베덴보리는 1688년 1월 29일에 스웨덴의 스톡홀름에서 원래는 농사를 짓다가 나중에 여러 곳의 광산을 소유하게 된 집안에 태어났다. 당시 그의 아버지는 종군 목사였다. 그 후 그의 아버지는 수석 사제가 되고 나서 웁살라대학의 신학 교수가 되었다. 마침내 그는 스카라의 비숍이 되었다. 엠마뉴엘은 그의 둘째 아들로 태어났다. 그 무렵 그의 이름은 '스웨데베르그'였지만 1719년, 그의 나이 31세 때에 율리카 엘리오노라 여왕이 이 집안에 작위를 내리고 '스베덴보리'라는 이름을 하사했다. 이런 식으로 스베덴보리는 상원의원이 되어 국가정책을 자문하는 직위에 임명되었다. 스베덴보리의 유년시절에 대하여 알려진 바는 별로 없다. 다만 그의 만년에 그의 친구에게 보낸 편지에 그의 유년시절을 가늠케 하는 내용이 있다. 다음은 그 내용의 일부이다.

　'네 살에서 열 살까지 내 마음은 항상 하나님, 구원, 그리고 인간의 영적인 애정에 대한 생각으로 가득 차 있었네. 때로는 부모님들과 이야기하면서 부모님들을 깜짝 놀라게 하는 말들을 하기도 했네. 그래서 부모님들은 천사들이 내 입을 빌려 말을 하는 거라고도 하셨네. 여섯 살부터, 열두 살 때까지는 믿음에 대해 목사님과 대화를 나누는 것이 가장 큰 기쁨이었네. 나는 목사님에게 자비나 사랑이 믿음의 생명이며 생명을 불어넣는 이런 자비와 사랑이란 다름 아닌 이웃사랑이며, 하나님께서는 이 믿음을 누구에게나 허락하시지만 자비를 실행하는 자만이 그 믿음을 받게 된다고 말하곤 했네.'

어려서부터 스베덴보리는 종교적 성향이 강했음이 분명한 것 같다. 가족들의 가르침에 큰 영향을 받았음은 말할 필요도 없다. 그의 성숙한 진술이 그의 부모를 놀라게 했다는 사실을 생각해 보면 그는 종교적인 천재성을 지녔음에 틀림없다. 열한 살이 되자 그는 웁살라대학에 입학하여 공부 과목으로 언어학, 수학, 광업 그리고 자연과학을 선택했다. 그의 졸업 논문은 로마 철학자인 세네카와 역시 로마의 작가였던 푸브릴리우스 시루스의 미무스(Mimus: 그리스로마 시대의 구연[口演]이나 촌극[寸劇])를 다룬 것이었으며 건강한 성인들에게 윤리학에 대한 자신의 견해를 피력했던 것으로 전해지고 있다. 이 무렵 그는 전도서 12장을 라틴어로 번역했으며 이는 그의 아버지의 저술과 함께 출판되었다. 그의 운문은 시적으로 세련된 것이며 그가 고전에 정통했음을 드러내 보여주고 있다. 그의 만년의 저술들은 거의 모두가 유창하고 명확한 라틴어로 기술되었다. 그의 문장이 그의 생각을 표현하기에 부족했다고 말할 수 있는 그런 예는 전혀 없다.

1710년에 대학을 졸업한 후 스베덴보리는 5년 동안 외국에서 공부했다. 그는 영국, 네덜란드, 프랑스 그리고 독일을 여행하면서 많은 것들을 배웠다. 스베덴보리는 자신의 고국인 스웨덴이 수학과 물리학 분야의 발전이 시원치 않은 것을 개탄하면서 웁살라대학 측에 신학과 역사학 교수를 감원하더라도 고등수학 교수를 시급히 채용할 것을 제안했다. 기계학의 이론을 실제로 활용하기 위해 그는 시계 조립공, 도구 기술자 그리고 렌즈 연마공 등과 함께 일하면서 여러 가지 기술을 완벽하게 습득하기도 했다. 그의 기계적인 발명품 중에는 비행기, 잠수함, 기관총, 에어펌프, 자동연주, 피아노 등이 있었다. 여기에서 우리는 그가 얼마나 시대를 앞선 인물이었는지 알게 된다. 이 무렵 스베덴보리는 어떤 편지에서, "나는 이러한 새로운 것들, 문학의 문제에 있어서의 새로움이 풍성해져 세상이 그 속에서 기쁨을 찾을 수 있기를 바랍니다. 오래 되어 움푹 패인 오솔길을 터벅터벅 걸어가는 사람은 한 세기에도 수없이 많겠지만 토론과 이성을 바탕으로 새로운 상품을 생산해 낼 수 있는 사람은 100년 동안 여섯 명이나 열 명도 채 되지 않습니다." 당시의 스베덴보리의 시대정신은 나머지 세상 사람들을 하얗게 질리게 했음에 틀림없다.

세네카: 스페인 출생으로 1세기 중엽 로마의 지도적 지성인으로 많은 저서를 냈으나 124편의 논문이 실린 『도덕에 관한 서한』이 가장 유명하다.

푸브릴리우스 시루스: 고대 로마의 작가이자 풍자 시인으로 '남은 많이 용서하되 자신은 결코 용서하지 말라', '훌륭한 명성이 돈보다 낫다', '구르는 돌에는 이끼가 끼지 않는다' 등의 오늘날에도 인구에 회자되는 많은 명언을 남겼다.

해외에서의 그의 공부는 모두가 수학과 물리학 같은 과목으로 이루어진 자연과학에 한정되어 있었다. 그러나 그의 젊은 시절의 종교적인 성향과 문학적인 성향이 퇴색된 듯 보이긴 했으나 그는 계속해서 라틴어로 시를 썼다. 그러므로 문학에 대한 그의 기호는 메말라 사라져 버리지 않았음이 분명하다. 또한 그의 연구의 목적이 궁극적인 진리를 향해 점진적으로 나아가는 것이었다는 것을 기억한다면 그의 종교적인 정신이 더욱 성숙한 단계에 접어들었음이 분명하다.

본국으로 돌아온 후 스베덴보리는 수학 전문 잡지 「북구의 발명가」를 발행했다. 국왕 샤를 12세의 후원으로 발행되었으나 재정 부족으로 인해 2년 뒤 폐간되고 말았다. 1718년에(31세) 스베덴보리는 스웨덴 최초로 대수학에 대한 책을 발행했다. 수학 연구가(스웨덴에서는) 엄청나게 뒤쳐져 있어서 그는 이 책의 교정을 볼 수 있는 사람이 아무도 없다는 것을 알고 개탄을 했다.

외국여행을 떠나기 전에 스베덴보리는 당시에 '스웨덴의 아르키메데스'로 알려진 뛰어난 공학자 크리스토퍼 폴햄과 아는 사이가 되었다. 다시 귀국한 후 그는 왕령에 의해 폴햄의 조수가 되었고 또 광산국의 특별사정관으로 임명되었다. 이 직책은 급여가 그리 많지는 않았지만 무엇보다 스베덴보리의 천재성과 능력이 국왕의 인정을 받았던 것이다.

2년 뒤, 샤를 12세가 노르웨이를 공격하자 스베덴보리는 국왕을 도와 17마일의 거리를 육로로 배들을 운반했다. 이 무렵 그는 수학과 공학의 연구와 관련된, 예컨대, '동박판의 제조와 그 용도', '고대의 조수의 수준', '부두, 운하의 수문, 그리고 소금 제조' 등과 같은 종류의 글을 썼다. 젊고 유능한 수학자이자 공학자인 스베덴보리가 폴햄의 조수이자 도제로 일하는 동안 그는 항상 폴햄의 집을 오갔다. 결국 그는 폴햄의 둘째 딸 에버렌샤와 사랑에 빠졌다. 그녀는 겨우 14세의 소녀에 불과했지만 그녀의 아버지와 국왕은 그녀가 곧 스베덴보리의 아내가 될 것을 기뻐하며 이들의 관계를 승인해 주었다. 그러나 에버렌샤는 나이가 들면서 스베덴보리와의 약혼을 원치 않았다.

그는 그녀의 약혼 파기에 크게 실망하고 낙담하였으나 자신으로 인해 자기가 사랑하던 여인이 괴로워하는 것을 원치 않았기 때문에 그녀를 깨끗이 포기했다. 그 후 평생 동안 그는 결혼에 대하여는 생각하지 않고 한 마음으로 자신의 연구를 추구했다. 이런 좌절의 결과 그는 마침내 거추장스러운 것들로부터 벗어나 평생 동안의 자유를 얻게 되는 결과에 이르러 오로지 하나님의 의지만을 생각하게 되었다. 결과적으로 보면 처음부터 하나님의 의지가 작용했던 것이 아닌가 싶기도 하다.

33세가 되던 1721년에 스베덴보리는 해외여행을 떠나 암스테르담에서 화학과 물리학에 대한 책을 출판했다. 후에 발행된 그의 걸작 『원리론(原理論:Principia)』에 앞서 출판된 이 책에서 그는 자연 현상을 기하학상의 체제로 환원코자 시도했다. 스베덴보리는 네덜란드에서 독일로 가 1723년에 라이프지히와 함부르크에서 물리학과 광물학에 대한 저술을 출판했다. 이 두 저술은 각각 그 분야를 깊이 있게 연구한 결과물이었다. 이 여행에서의 스베덴보리의 주요한 목적은 다른 나라들의 광산을 조사해서 직접적인 식견을 얻는 것이었다. 그의 모든 여행 경비는 부룬스웩의 루드비히 루돌프 공작이 지불했다. 15개월에 걸친 여행을 마치고 그는 스웨덴으로 돌아왔다.

고국으로 돌아오자마자 스베덴보리는 스웨덴 통화의 변동에 대한 책을 출판했다. 오늘날 이 책의 세부사항을 알 수는 없으나 처음 발행된 지 50년이 지나 웁살라에서 재발행된 사실을 보면, 가치있는 내용이 들어 있었음에 틀림없는 것 같다.

스베덴보리는 금융을 놓고 벌이는 토론에서 그 견해에 있어 확고한 명성을 지녔던 것으로 보인다. 스베덴보리는 두 번째 해외여행 후 광산국의 사정관으로서의 임무를 수행하기 시작했다. 그리고 그 뒤 11년 동안 그는 엄청난 노력을 기울여 실용적인 응용과 학문을 연구했다. 이 기간 내내 스베덴보리의 실천과 학문은 눈부시게 증진되었다.

이 기간 동안에 웁살라대학에는 수학 교수의 자리가 비어 있었다. 그래서 스베덴보리가 그 직을 맡도록 초빙되었으나 주요 관심사가 순수한 수학이 아니었기 때문에 그는 거절을 했다.

그의 나이 45세가 되던 1733년 봄에 스베덴보리는 다시 해외로 여행을 떠나 라이프지히에서 모두 세 권으로 된 그의 뛰어난 저술, 철학적이고 광물학적인 저술의 첫 번째 책인『원리론(Principia)』을 발행했다. 여기에서 말하는 '철학'은 오늘날의 철학이 의미하는 바의 철학이 아니라 우주의 구조에 대한 기하학상의 관찰을 의미한다. 스베덴보리의 설명에 의하면 무한(無限;the infinite)이라는 것이 존재한다는 것이다. 이 자유롭고 독립된 무한이라는 존재로부터 만물이 생겨났다는 것이다. 이 무한의 내부에 순수한 움직임이 일어나 하나의 점(點;point)을 생성하고 이 단 하나의 점으로부터 만물이 나온다는 것이다.

범위를 넓혀 말하자면 단 하나의 무한이라는 덩어리 내에 움직임을 야기하는 세력이 존재하고 이 세력에 의해 창조된 무궁무진한 변화가 우주라는 것이다. 이 움직임의 형태는 항상 나선형으로 빙글빙글 회전한다는 것이다. 스베덴보리는 이 원칙을 자성작용의 현상에 적용하고 세계 출현의 과정은 물론 동물, 식물, 광물계를 설명하고 있다. 우리는 이 걸작이 수년간의 자연과학의 연구의 결과임을 이해하게 된다. 광물학의 분야에서 그는 철, 동, 그리고 놋쇠와 같은 금속에 대한 경험적이고도 과학적인 정확한 관찰을 하여 당시의 과학계에 엄청난 기여를 했다. 스베덴보리의 과학적인 연구는 그의 평생에 걸쳐 인정받았으며 후대에서도 인정을 받았다.

1734년에 스베덴보리는『무한에 대한 철학적 논증의 개요(Outlines of Philosophical Argument on the Infinite)』라는 제목의 소논문을 발표했다. 이는『원리론』의 부록으로 간주될 수 있다. 이 저술들로 말미암아 스베덴보리는 전 유럽의 유명 인사가 되었으며 다른 나라의 과학자들이 차례차례 그의 연구 결과를 살폈다. 1734년에서 1736년에 이르는 두 해 동안 스베덴보리는 고국에 머물렀다. 그 기간에 아버님이 돌아가시고 꽤 많은 유산을 상속받았다. 사정관으로서 받는 급여 외에 이 유산은 그 후로 그의 여행, 저술, 그리고 독립적인 생활양식의 버팀목이 되었다. 1736년 여름에 그는 그의 새로운 저술을 출판하기 위해 다시 해외 여행을 했다. 여행하는 동안 그는 일기를 썼다. 일기에는 매우 광범위한 관찰 내용과 관심사가 기록되었다. 날카롭고 비판적인 안목으로 다룬 이 엄청나고 다양한 내용은 소금 생산과 야금술에서 군사, 교련 훈련까지 망라하고 있다. 뿐만 아니라 각 정치 형태의 찬, 반 양론, 종교의식의 미학적이고 도덕적인 특성, 오페라의 매력, 건축, 그리고 예술작품 또한 포함하고 있다.

해외에 머무는 동안 스베덴보리는 주로 독일, 프랑스, 그리고 이태리에 머물면서 그곳에서『동물계의 유기적 조직(The Economy of the Animal Kingdom)』과 그의 걸작『동물계(The Animal Kingdom)』를 완성했던 것으로 보인다. 이 두 책의 일반적인 특성은 이전에 몇 편의 소논문으로 발표되었고 초안은 여러 해에 걸쳐 발표된 바 있었다. 그러나 스베덴보리는 이번 여행 동안의 연구로 두 책의 정교한 사항들을 완성할 수 있었다. 이는 그의 이전의 무기(inorganic;無機)세계의 연구에서 진일보한 것이었다. 유기세계(有機世界;organic world)에 대한 그의 연구, 특히 인체에 대한 연구는 정말 심오한 것이었기 때문이다.『원리론』으로 시작하여 이들 두 권의 책의 발행으로 정점을 이룬 13년에 걸친 연구의 결과 마침내 스베덴보리는 인체의 구조를 연구하기에 이르렀다. 여기에서부터 그는 영적 세계에 들어갈 때까지 쉼없이 연구를 이어 나갔다.

이 두 권의 책은 스데벤보리가 이 세상의 삶과 관련하여 발행한 마지막 책들이었다. 몇몇 저술은 여전히 초고 형태로 남아 있지만 그는 더 이상 발행할 욕구가 없었다. 왜인고하니 그는 이내 전례가 없는 영적 영역에 부딪히면서 완전한 전환을 경험했기 때문이다. 이전의 철학적인 그리고 과학적인 연구사항들이 하나님의 의지로부터 배제되고 자신에게 내려진 하나님의 소명과는 관계가 없다는 것을 느끼면서 그의 자세는 완전히 변했다. 그러나 내가 본 바로는 스베텐보리의 소위 세속적인 생애와 그의 영적인 생애 사이에 깨뜨릴 수 없는 거대한 틈새가 있었던 것으로는 보이지 않는다. 그의 세속적인 삶의 사고와 정신적 기질이 그의 영적인 생활에서도 계속해서 나타나고 있기 때문이다. 물론 그의 저술, 이상, 관념, 그리고 논증에는 혁명적인 변화가 일어났다. 그러함에도 불구하고 그 배경에는 과거의 상황들이 남아 있었다. 이런 관련성의 흔적을 조사해 보고자 하면, 스베텐보리가 『동물계』에서 기술한 내용을 볼 수 있으며 그의 관념이 지향했던 곳을 이해할 수 있다.

'나는 전체적인 인체의 해부를 자연과학적으로 그리고 철학적으로 조사해 보고자 한다. 인체의 모든 내장, 복부와 흉부, 양 성(性)의 생식기의 구성요소 그리고 다섯 가지 감각기관이 그것들이다. 마찬가지로 대뇌, 소뇌, 골수, 그리고 척수의 모든 부분의 해부 그리고 나서 두뇌 피질의 물질, 그리고 섬유질, 그리고 전체 기관의 세력과 동작의 여러 원인, 질병들, 나아가 특히나 뇌의 질환을, 또는 대뇌로부터의 체액 유출에 의해 진행되는 질환들을 연구해 보고자 한다.

후에 나는 『합리적인 심리학(Rational Psychology)』에 대한 개론을 제시코자 한다. 이는 어떤 새로운 교리로 이루어져 있는바, 우리는 이 새로운 교리의 도움으로, 물리적인 유기체로서의 인체로부터 비물질적인 혼(soul)에 대한 지식에 이를 수 있다. 이들 새로운 교리로는 형태(形態)의 교리, 질서와 등차(等次)의 교리, 과(科)와 군집(群集)의 교리, 유입(流入)의 교리, 상응(相應)과 표상(表象)의 교리. 그리고 마지막으로 변형(變形)의 교리가 있다.

이러한 교리들로부터 나는 결국 『합리적인 심리학』그 자체에 이르렀다. 그 내용에는 행위의 주체, 외적 감각과 내적 감각의 주체, 상상과 기억의 주체, 그리고 악의라는 성정의 주체가 포함되어 있다. 말하자면 지성의 주체, 사고와 의지의 주체 그리고 합리적인 마음의 성정의 주체, 그리고 본능의 주체가 포함되어 있다. 마지막으로 혼(soul)에 대한 내용이 들어있다. 말하자면 인체 내에서의 혼의 상태, 인체와 혼의 상호관계, 애정, 그리고 불멸성, 그리고 육체가 죽을 때의 혼의 상태와 같은 것으로 이는 체계의 일치로 결론짓고자 하는 작업이다. 내가 이 작업에서 내 자신에게 제안한 이 개요와 계획으로부터 독자들은 최종 목적이 혼(soul)에 대한 지식이라는 것을 알 수 있을 것이다. 혼에 대한 지식이 나의 연구의 정점을 이룰 것이기 때문이다. 그러므로 이 연구를 끝까지 관철하기 위해 그리고 난관을 해결하기 위해 나는 해부학적인 방법으로 접근방식을 선택했다. 나는 이러한 과정을 내가 최초로 택했다고 떳떳이 밝히고 싶다.

옛날에는 우승을 할 수 있는 경주 선수라도 경기 이전에 목적지 주위를 일곱 번을 달리도록 했다고 한다. 지금 나는 그렇게 할 작정을 하고 있다.

그러므로 나는 나의 진로를 지속적으로 내면으로 돌림으로써 혼(soul)에 이르는 모든 문들을 열어 안으로 직접 들어가게 하고자 한다. 하나님의 허락하심으로.'

이와 같이 우리는 스베덴보리의 만년의 영적인 생활과 이전의 지성적인 생활 사이에 완벽한 분리는 없었다는 것을 알 수 있다. 그의 나이 56세가 되던 1744년에 그는 전례가 없는 영적 경험을 하고 새로운 삶을 시작했다. 이 새로운 삶이 과거와 전혀 연관이 없었던 것은 아니다. 어떤 의미에서 그의 새로운 삶은 그의 이전의 삶의 연장에 다름 아니었다고 간주해야 할 것이다. 그렇다 하더라도 그의 소위 '하나님에 대한 명상'은 그가 예상했던 것과는 달랐을 수도 있다. 그러나 그것은 그의 전체적인 삶의 발전이라는 관점에서는 중요치 않은 것이다.

스베덴보리는 지적이고 분석적인 관점에서 하나님의 삶을 들여다보고자 했다. 처음에 그는 조심스럽게 화학, 물리학, 그리고 공학을 공부하고 거기에서 계속하여 생물학적인 연구와 해부학적인 연구에 몰입했던 것이다. 이 점에 있어서 그는 자신의 이론적인 천재성의 모든 것을 구사하면서 하나님의 신비를 간파하려 했으나 충분히 만족할 수 있는 결과에 이르지 못했다. 명상과 비교적(秘敎的)인 수행의 결과 마음의 눈이 점차 맑아지면서 스베덴보리는 의지에 따라 하나님의 영역을 드나들 수 있는 불가사의한 능력을 얻게 되었음이 분명하다. 스베덴보리 자신도 그의 경험을 하나님의 은혜의 결과라 생각했다. 그의 추종자들도 이러한 경험으로 인해 스베덴보리가 하나님의 은혜를 입게 되었다는 똑같은 믿음을 지니고 있다.

그러나 스베덴보리 지지자들이 어떠한 기술이나 과학도 그러한 경험의 원인이 될 수 없다고 생각하지만 나는 개인적으로 그 문제가 꼭 그렇지만은 않다는 생각이다.

스베덴보리는 그의 지적인 생애에서 영적인 세계로 넘어가는 과도기 동안에 한 권의 책을 저술했다. 『하나님의 사랑과 경배』라는 제목의 책으로 1745년 런던에서 발행되었다. 이 책에서 그는 이전의 『원리론』의 수학적 체제를 버리고 예술적인 술어와 자연과학의 술어로 우주의 창조를 논했다. 스베덴보리에게 있어서 하나님은 과학의 원천이었던 것이다. 그래서 그는 우주에 나타나는 지혜와 창의력의 증적(證跡)은 하나님의 능력의 선견지명과 구원으로부터 나오는 것으로 생각했다. 스베덴보리의 사고와 정신적 기질은 분명하고 더욱 더 종교적인 색채를 띠었다. 그래서 그는 자신이 전환을 겪을 때 즉시 자신의 성격이 지닌 종교적인 면을 활성화시키고자 했다. 그의 만년의 영적인 생활에서 우연히 이루어진 것은 아무 것도 없었다. 그는 나무가 싹을 틔우고 잎을 틔워 꽃을 피우고 열매를 맺는 것처럼 아주 자연스럽게 점진적으로 단계별로 성장했던 것이다. 물론 그러한 성장의 성과는 그가 처음에 기대했던 것과는 엄청나게 달랐지만 오늘날에도 그 성과는 자연스러운 성숙으로 여겨질 수 있다.

  스베덴보리의 영적인 조우는 그의 나이 56세 되던 1744년에 시작되었던 것으로 보인다. 그 당시에 그는 과학자로서 탁월한 천재였다. 광업, 수학, 공학, 결정학, 천문학 등에 관하여 그는 자신보다 앞섰던 사람들의 이론을 되풀이하지만은 않았다. 해부학, 심리학, 그리고 철학과 같은 분야에서조차도 그의 동시대의 여러 분야에 도전하는 견해를 향상시켰으며 우리가 살고 있는 오늘날의 많은 이론을 예상하기도 했다. 오늘날 다양한 분야의 저명한 학자들이 그의 기여를 인정하고 있어서 나의 심층적인 논평은 없어도 좋을 것이다. 그러나 더욱 중요한 것은 스베덴보리가 그의 진실한 본성을 깨닫고 종교세계에서 특별하고도 지속적인 지위를 확립하여 심리학 분야에 전례없는 연구 주제들을 제공한 것은 그의 인생의 후반부라는 점이다. 단번에 이 생활에 접어든 그는 자신의 과학에 대한 미련을 깨끗이 잊어버리고 또 이전의 지적인 분야의 계획을 완전히 포기하고 자신의 모든 재능과 영적인 힘을 자신의 새로운 생애에 바쳤다. 다시, 이것이 이 책의 주요한 주제이다. 그의 인생의 후반기가 없었다면 스베덴보리는 그저 저명한 과학자로서 미래 세대들의 찬탄을 받았을 것이다. 천국의 의지는 항상 인간의 인식 저 너머에 있으며 관 뚜껑이 닫혀지기 전에는 어떠한 것도 해결되지 않는 법이다.

제3장
스베덴보리의 생애(후반기)

〜〜〜

스베덴보리의 영적인 경험은 갑작스럽게 시작된 것이 아니라 점진적으로 시작되었다. 어느 날 갑작스럽게 새로운 생활 속으로 떠밀려 들어간 것이 아니었다. 그의 만남들은 번갈아가며 누적되어 마침내 그의 이전의 지적인 생활을 포기하는 결정에 이르게 되었던 것이다. 물론 그는 그 무렵까지 상당한 고뇌와 갈등으로 가득 차 있었다. 아무튼 그의 첫 경험은 1745년에 일어났다. 그는 런던에 있었다. 여러 가지 형이상학적인 과제로 그의 정신적 연대성(連帶性)이 절정에 이르러 있을 때였다. 그러던 어느 날 그는 평상시처럼 저녁을 먹기 위해 식당의 자리에 앉았다. 지금부터는 스베덴보리가 직접 언급한 바를(그렇게 알려져 있는) 옮겨 적어 보겠다.

'나는 시장기를 느껴 왕성한 식욕으로 식사를 했다. 식사를 끝낼 무렵 나는 순간적으로 시야가 몽롱해짐을 인지했다. 나는 뱀, 개구리, 그리고 그와 비슷한 류의 가장 무시무시한 파충류가 마루바닥에 널려 있는 것을 보았다. 한층 더 어두워지

더니 모든 것이 한꺼번에 사라지고 식당 한 구석에 어떤 사람이 앉아 있는 것이 보였다. 나는 혼자 있었으므로 그가 "너무 많이 먹지 말게."라고 말을 하자 대경실색했다. 다시 눈앞의 모든 것이 검게 변했지만 금세 어둠이 사라지고 나는 내가 혼자 식당 안에 있다는 것을 알게 되었다.

생각지도 못했던 두려움에 나는 서둘러 집으로 돌아왔다. 나는 식당 주인이 아무 것도 눈치채지 못하도록 행동했으나 좀 전에 일어났던 일들을 곰곰이 생각해 보니 그것이 단지 우연히 벌어진 것으로 간주할 수 없었고 어떤 신체적인 원인으로 일어난 것으로도 간주할 수 없었다.

나는 집으로 갔다. 식당에서 본 똑같은 사람이 깊은 밤에 다시 모습을 드러냈지만 이번에는 놀라지 않았다. 이윽고 그는 자신이 주 하나님이며, 이 세상의 창조주이며 구세주라고 말하고 나서 성경의 영적인 의미를 사람들에게 설명해 주도록 나를 선택했다고 말했다. 그리고 이 주제에 대하여 내가 기록해야 할 것들을 내게 설명해 줄 것이라고 말했다.

그 결과 나는 영들의 세계, 천국과 지옥 같은 것들의 실제를 완전히 확신하게 되었고, 거기에서 생활 속의 모든 상황과 익숙한 면이 많다는 것을 알아 볼 수 있었다. 그날부터 나는 이 세상의 모든 학문의 연구를 포기하고 주님께서 내게 기록하도록 명하신 바에 따라 영적인 것들에 노력을 기울였다. 그 후 주님께서 매일 나의 혼(soul)의 눈을 뜨게 하셔서 나는 대낮에

도 다른 세계를 들여다볼 수 있게 되어 완벽하게 깨어 있는 상
태에서 천사들이나 영(spirits)들과 대화를 나눌 수도 있었다.[2]

    스베덴보리는 위의 이야기를 그의 친구 칼 롭상에게 들려주었다.
이(소문)에 근거해 판단해 보면 스베덴보리는 전혀 고민함이 없이 자
신의 지력(知力)에 의존하는 생활을 포기한 것으로 보인다. 그러나 다
시 다른 기록에 의하면 스베덴보리는 이런 부류의 경험을 하고 난 후
상당한 기간 동안 밤낮으로 고민했을 것이라 하고 있다. 스베덴보리
는 후대의 세대들을 무색하게 할 수 있을 정도의 과학적인 천재성과
학문을 지녔다. 과학 분야에서의 엄청난 성공을 즐긴 뒤 그는 계속해
서 다른 분야에 대한 기대로 번민했다. 그러다가 갑작스럽게 그는 자
신의 성취를 포기하고 다시는 뒤돌아보지 않았다. 자신의 노력이나
지력에 의존함이 없이 그는 하나님의 계시의 도구가 되었던 것이다.
오늘을 사는 우리로서는 스베덴보리의 마음의 혼란과 고민이 얼마나
심했을는지 다만 상상할 수 있을 뿐이다.

    예를 들면, 이는 자력신앙의 불교도가 타력신앙으로 전환하는 것과
비슷한 경우이다. 타력신앙의 믿음은 쉬워 보이지만 그 엄격함은 자
력신앙에 의존함에 수반되는 엄격함과 전혀 다를 바 없다. 종교적인
수행으로 자신의 삶을 사는 사람들은 개인적인 경험에 의해 이 사실
을 알고 있다. 1744년 봄, 부활절 기간 동안 스베덴보리는 교회에 가
지 않았다. 배수 성찬식에 줄을 서서 그는 '예수님은 나의 가장 친한
친구'라는 찬송가를 들었다. 그 후 집으로 돌아온 뒤 그의 마음의 싹

이 텄다. 그는 그 싹의 초록색을 지각했다. 그날 밤 그는 무한히 순수한 평화를 느꼈다. 마치 천국에 오른 듯한 느낌을 받으며 그는 "가장 높은 곳으로 축복 있으라, 영광 있으라, 영광 있으라! 거룩하고 거룩하신, 주 하나님!"이라고 소리쳤다. 그는 또 "하나님의 뜻이 이루어졌다. 나는 하나님의 것이요. 나의 것이 아니다. 하나님께서 이(일)에 은혜 주시네. 나의 것이 아니므로."라고 말했다.

이런 식으로 스베덴보리는 한달음에 자신의 이전의 학문적인 관심사를 뛰어넘어 버렸다. 이 시점부터 죽을 때까지 그는 나머지 28년 동안을 하나님의 말씀을 깨닫는 데에 보냈다. 스베덴보리의 이러한 28년 동안의 영적인 행위는 너무나 인상적이어서 여전히 인생의 절정기에 있던 그를 놀라게 했을 수도 있다(그가 앞으로 닥칠 일들을 알고 있었더라면).

다른 종교 개혁가들처럼 스베덴보리는 실천적인 수준의 일들은 하지 않고 저술에 전력을 기울였다. 달리 말하면 그의 영적인 눈으로 천국과 지옥의 구조, 내용, 그리고 행위와 이 영역에 존재하는 천사, 영, 그리고 악마들의 상황을 보고 하나님의 뜻이 허락하는 만큼 사람들에게 이를 전달하기 위해 온 정성을 기울였다. 그는 자신이 하나님의 명령을 이행하는 데에 필요한 영적 도구라고 확신하고 따라서 자신의 일에 힘쓰면서 조금도 힘든 기색을 보이지 않았다. 사명(使命)을 받은 후에도 그는 한동안 스웨덴 국왕을 위해 광산국의 사정관으로서 그리고 상원의원으로서의 임무를 수행했다. 그래나 옛 생활과 새로운 생활을 모두 추구하면서 그의 마음은 둘로 쪼개졌다. 그래서 그의 나이 59세 되던 해인 1747년에 그는 광산국에서의 국왕에 대한 30년 동안의 봉직에서 물러났다. 그의 봉직을 높이 배려한 국왕은 그의 지위를 높여주려 했지만 그는 완강히 사절했다. 국왕은 스베덴보리가 은퇴한 후에도 연봉의 절반을 받을 수 있도록 해 주었다.

스베덴보리는, "사직에 대한 이유는 주님으로부터 받은 사명을 실행하는 데에 나의 온 힘을 쏟기 위한 그 이상의 다른 이유는 없습니다. 내가 사임했을 때 국왕께서는 나의 지위를 올려주겠다고 했지만 내 이기적인 마음의 한계가 두려워 나는 국왕의 제안을 받아 들일 수 없었습니다."라고 말했다. 자신의 영적인 생애에 편승한 후의 스베덴보리의 첫번째 걸작은 하나님으로부터 전달받은 하늘의 비밀과 자신이 스스로 목격한 것을 기록한『천국(天國)의 비밀(秘密): Arcana Coelestia)』이었다. 이 대작은 첫 권이 1749년에 런던에서 발행된 이후 1758년에 모두 완간되었다. 이 대작은 10,837개의 항목이 들어 있는 4절판 8권으로 이루어져 있다. 1,000만 개의 단어가 들어 있는 이 대작은 구약의 창세기와 출애굽기의 영적인 의미를 단 한 자도 빠뜨리지 않고 상세히 파고들어가 있다.

자신의 주석을 통해 스베덴보리는 그 책 속에 묘사된 학문, 열망, 믿음, 그리고 사람들을 기탄없이 찬양하고 있다. 발행인인 존 루이스는 이 신비스러운 책을 발행하면서 스베덴보리로부터 저자의 이름은 절대 비밀에 부칠 것을 당부받았다. 발행인에 의하면 스베덴보리가 첫 권을 쓰는 데에 꼬박 1년이 걸렸다고 한다. 강력한 작업과 근면으로 스베덴보리는 더욱 더 많은 양의 원고를 써서 출판에 즈음해서는 자비로 200크로나를 지불했다. 두 번째 권이 발행되었을 때 발생하는 서적판매인의 비용을 충당하도록 다시 200크로나를 지불했다. 그러면서 자신의 이익을 위하여는 단 한 푼도 취하지 않았다. 모든 이익은 성서를 보급하기 위해 관련 협회에 기부했다. 우연히도 스베덴보리의 철학 저술과 종교적인 저술은 모두 라틴어로 씌여졌다.

이 중에서 주목해야 할 한 가지 사항은 그처럼 엄청난 하나님의 일을 하면서도 스베덴보리는 계속해서 스웨덴 공공재정과 행정에 대한 자신의 당당한 견해를 조금도 주저함이 없이 진술함으로써 상원의원으로서의 임무를 수행했다는 점이다. 이러한 그의 견해는 학자나 종교 사상가들에 의해 행해지는 막연하고, 공상적이고 추상적인 진술이 아니었다. 그의 구체적인 계획은 항상 당시의 악인들의 가슴을 쓰라리게 했다.

대작 『천국의 비밀』을 발행한 후 스베덴보리는 마치 웅대한 계획을 추구하듯 계속해서 자신의 저술을 출판하는 데에 15년을—그의 나이 68세 되던 1759년에 시작하여—보냈다. 1758년에 『천국과 지옥』이 출판되었다. 이 책은 천국과 지옥에서의 직접적인 만남에 대한 기록으로, 천국과 지옥의 구조, 운영, 배치, 그리고 그곳의 거주자와 같은 그런 것들을 다루고 있다. 4절판 272페이지의 책으로 영국에서 처음 출판되었다. 이 책의 일본어판은 1910년에 발행되었다. 종교와 열성에 대한 스베덴보리의 견해에 대하여 알고자 하는 사람들은 반드시 이 책을 읽어야 한다. 일본 번역본은 소형본으로 500페이지가 넘는 책이다. 이 책은 매우 접근하기 어려운 문체로 씌여졌지만 생각이 깊은 사람은 이 책을 읽음으로써 통찰력을 얻게 될 것이다. 그 심원한 철학을 주의깊게 읽고 나면 우리는, 이 작업이 처음부터 두려운 것임에도 불구하고, 자연스럽게 동의할 수 있는 어떤 점들을 찾아내게 된다. 진리를 구하는 자들에게는 불굴의 노력이 필요하다. 이 책의 일반적인 특징을 일별할 수 있도록 목차를 제시하기로 한다.

『천국(Heaven)』

서문

천국의 하나님이 주이시다

주의 신성이 천국을 이룬다

천국 안의 주님의 신성은 주님 사랑과 이웃사랑이다

천국은 두 개의 왕국으로 구분되어 있다

세 천국이 있다

천국은 무수한 공동체들로 이루어져 있다

각 공동체는 작은 형태의 천국이고 각 천사는 가장 작은 형태의 천국이다

전체로서 모든 천국은 사람으로 보인다

천국의 각 공동체는 한 사람으로 보인다

그러므로 모든 천사는 완전한 사람의 형태이다

"지옥"

주께서 지옥을 다스리신다

주님은 아무도 지옥에 던지지 않으신다. 이는 영들이 하는 일이다

지옥의 모든 사람은 자기사랑과 세상사랑에서 비롯되는 악과 허위 안에
있다

무엇이 지옥불이고 이를 가는 것인가

지옥 영들의 악독함과 입에 담을 수 없는 술책

지옥의 모습과 위치와 수효

천국과 지옥 사이의 균형

사람의 자유는 천국과 지옥 사이의 균형에 달려 있다

이 표를 보면 『천국과 지옥』이 어떤 종류의 책인지 구체적으로 알
수 있다. 언뜻 보기에는 매우 불합리해 보이지만 열성과 꿋꿋함과 용
기를 가지고 주의 깊게 이 책을 읽은 사람은 결국 보상을 받게 될 것
이다. 스베덴보리의 저술의 견본을 이 책의 말미에 실어 독자들로 하
여금 그의 저술들을 선명하게 이해할 수 있도록 했다. 여기에서 나는
스베덴보리가 천국과 지옥에서 선언한 영원한 금언 한 구절을 인용
코자 한다. "의지(意志;will), 말하자면 사랑이 인간을 만든다(Voluntns
ant amor sit homo)." 이 말이 나오는 474항의 대의는 다음과 같다.

사람을 이루는 것은 의지이다. 생각은 그것이 의지를 근본으

—
94

로 삼을 때에만 사람을 이룬다. 또한 마찬가지로 사람을 이루는 것은 사랑이다. 믿음은 그것이 사랑에서 나온 것이어야만 한다. 결론적으로 의지나 사랑이 인간 스스로인 것이다. 내부에 영적 생명이 없는 것은 신앙이 아니라 지식에 불과하다. 거짓 사랑도 외관상으로 생명을 지닐 수 있지만 그것은 실제로는 영적인 죽음이다. 생명이 아니다.

『마지막 심판과 바빌론의 멸망』은 신약 계시록의 모든 예언들이 스베덴보리의 삶에서 어떻게 실현되었는지를 보여주고 있다. 이 책은 사절판 55페이지 분량으로 런던에서 처음으로 발행되었다. 『백마에 대한 주석』은 "천국의 비밀"에서 발췌한 것이다. 그 내용은 계시록 19장에 나오는 '백마'를 다루고 있으며 본문과 그 영적인 의미를 상세하게 설명하고 있다. 이는 사절판 23페이지 분량으로 런던에서 처음 발행되었다. 『우리 태양계 안의 지구들』은 다양한 세계의 상태와 그 세계에 살고 있는 사람, 영, 그리고 천사들을 설명하고 있다. 이는 사절판 72페이지 분량으로 런던에서 처음 발행되었다.

『새 교회와 그 신성한 교리』는 스베덴보리의 신학에 대한 견해이다. 스베덴보리가 천국에서 알게 된 것으로 생각되는 그러한 견해는 스베덴보리 교회에 알려주는 믿음의 조항들이다. 이 책은 계시록 21장의 서두에 나오는 새 예루살렘과 새 천국과 땅에 대한 언급을 풀이하고 있다. 이 책은 사절판 156페이지 분량으로 런던에서 처음 발행되었다. 이 책 역시 머지않아 일본에서도 출판될 것이다. 스베덴보리 신학의 일반적인 주제들을 알고자 하는 사람들은 이 책을 읽어 볼 필요가 있다. 그 주제들로는 '선과 진리', '의지와 이해력', '외적인 것과 내적인 것', '일반적인 사랑', '자기 사랑과 세상적인 사랑', '이웃 사랑과 자비', '믿음', '헌신', '양심', '자유', '공로', '회개와 죄의 용서', '거듭남', '시험', '세례', '성만찬', '부활', '천국과 지옥', '교회', '성경 또는 말씀', '하나님의 섭리', '주(主)', '교회와 사회의 다스림'이 있다. 이 책은 위에 언급한 주제들을 매우 간략하게 설명하고 있다.

1763년에(스베덴보리가 75세 되던 해)『하나님의 사랑과 지혜』가 발행되었다. 철학적이면서 신학적인 저술로 이전의 설명 위주의 저술들과는 다르다. 이 책은 먼저 사랑과 지혜로 이루어진 하나님을 언급하고 이를 바탕으로 스베덴보리 신학의 주요 사항들을 확립했다. 이 책은 스베덴보리 연구에 있어서 지극히 중요한 까닭에 여기에서 그 개요를 설명하고자 한다. 이 책은 모두 5개 장으로 구성되어 있으며 다시 422개 항목으로 세분되어 있다. 사절판 151페이지 분량으로 암스테르담에서 출판되었다. 첫 페이지에서 스베덴보리는 인간의 삶은 사랑이며 이 사랑은 하나님과 다를 바 없다는 가르침을 펴고 있다. 그러므로 하나님은 인간의 생명이며 사람들은 이 생명의 수납자인 셈이다.

신성(神性;the Divine)에는 만물의 근원으로 존재하는 것(Esse: being)과 그러한 존재의(어떤 영태로의) 나타남(Existere: form)이라는 구분이 있다. 이들은 둘이지만 하나다. 사랑은 만물의 근원으로 존재하는 것이고 지혜는 사랑이 드러내어진 것이다. 그래서 사랑은 지혜에 의존하고 지혜는 사랑에 의존한다. (하나님의 본질로서의) 신성은 사랑과 지혜가 결합된 것이다. 신성은 영계에서 열은 사랑으로 빛은 지혜인 태양으로 그 자체를 드러내 보인다. 인간이 사는 세계의 태양은 이 영적인 태양에 의존한다. 자연계의 태양은 영적 태양의 살아 있는 열과 살아 있는 빛을 받아들여서 모든 우주 만물을 발생시켜 번성케 한다. 우주 창조의 목적은 만물을 창조의 주님 또는 신성 안에 있는 원래의 모습으로 되돌아가게 하여 그들 사이의 상응과 결합을 확립하는 것이다.

제3장은 등차(等次;degree)의 분석으로 등차는 스베덴보리가 창조의 순서와 영의 진화를 설명할 때 인용하는 그의 독특한 철학이다. 한꺼번에 동시적이기도 하고 연속적이기도 하며 동시에 불연속적이기도 하고 지속적이기도 한 길이와 폭의 등차는 세 부분으로 나뉘어진다. 스베덴보리의 신학을 이해하려 할 경우 그의 등차의 분석을 이해할 필요가 있다. 다음으로 그는 인간의 마음의 합리성과 자유를 논하면서 악은 이들 두 가지 요소의 힘에 대한 손상의 결과로 발생하는 것이라 말하고 있다.

제4장에서 그는 영원하신 하나님께서 우주와 만물은 우주 내에서 하나님 자신을 바탕으로 창조하신 것으로 무에서 창조한 것이 아니라는 교리를 펴고 있다. 그는 진실한 창조의 목적은 각양각색의 형태로 된 창조물 하나하나에 대한 '쓰임새(불교에서 말하는 '체[體], 용[用]'의 교리에서 '용'에 해당한다.)'의 실현이라 말하면서 '쓰임새'가 발전적으로 창조의 형태로 전환한다고 결론짓고 있다. 스베덴보리의 쓰임새에 대한 철학 내에는 세밀히 살펴보아야 할 가치가 있는 점들이 많다.

제5장은 심리학이다. 스베덴보리에 의하면 인간의 마음은 의지와 이해력이 그 근원이다. 의지는 하나님의 사랑을 받아들이고 이해력은 하나님의 지혜를 받아들이는 바 이 두 가지가 인간의 생명을 형성한다. 생명은 그 첫 번째 원리에 있어서 뇌에 있으며 그리고 그 파생물 속에 있고, 몸 속에 있다. 이러한 첫 번째 원리로부터 생명은 그 파생물로 전해지고 이러한 파생물로부터 생명은 첫 번째 원리로 집적된다. 그러므로 인간의 이해력과 인품의 특성을 결정짓는 것은 인간의 사랑의 본질이다. 요약하자면 사랑이 인간을 이룬다. 상응의 원리에 기반하여 지혜와 사랑의 관계가 인체에 적용될 때 의지는 심장이 되고 이해력은 폐가 된다. 폐와 심장에 의한 신체의 작용은 인간의 마음이 의지와 이해력에 의존하는 것과 같다(이 점에 관하여 스베덴보리는 호흡의 분석을 제시하고 있다. 호흡의 규제와 영의 행위 사이에는 밀접한 관계가 있는 것으로 여겨지기 때문이다).

둘 사이의 관계에 대한 스베덴보리의 설명은 지극히 완벽해서 끝내는 믿음과 자비의 관계로까지 확대된다. 이 책은 곧 일본에서 출판될 것이다.

『하나님의 사랑과 지혜』가 출판된 같은 해에 새로운 스베덴보리의 교리서 『주님론(The Lord)』, 『성서론(The Sacred Scripture)』, 『생명론(Life)』, 그리고 『믿음론(Faith)』이라는 네 권의 책이 각기 다른 주제를 담고 출판되었다(네 권을 합쳐 모두 177페이지에 이르는 사절판으로 암스테르담에서 출판되었다). 스베덴보리가 76세 되던 해인 1764년에 『하나님의 섭리(Divine Providence)』가 출판되었다. 이 저술은 그의 신학에 대한 또 다른 철학적 해설서로 이전의 『하나님의 사랑과 지혜』와 똑같은 무게의 중요성을 지닌다. 이 책은 암스테르담에서 출판되었다(214페이지에 이르는 사절판으로 18개 장과 340개의 부제로 이루어져 있다).

『하나님의 섭리』의 주요 주제는 하나님의 사랑과 하나님의 지혜에 기반한 하나님의 섭리에 의해 다스려지는 우주의 목적이 인간으로부터 천국을 설립하는 데에 있다는 것이다. 하나님의 섭리의 법칙들을 논하는 가운데 스베덴보리는 자유의지에 대한 논증을 포함시키고 있다. 그는 섭리는 사람으로 하여금 이성이라는 기능에 따라 그들의 자유의지를 작용토록 한다고 말하고 있다. 그러므로 인간의 관점에서 보면 인간은 억제력이 결여되어 있고 통제되지 않은 상태에 있으며 자극이나 충동도 없는 것으로 보인다. 인간들 자신에게 있어서 악은 제거되고 선은 장려된다. 인간들은 그들 자신의 기능에 의존치 않는 것은 아무 것도 없는 것처럼 생각한다. 그러나 사실 신성의 힘에 의존하는 것은 아무 것도 없다고 말해서는 안 되고 하나님의 섭리의 한계가 그런 시각으로 인해 인간에게 알려지지 않은 것일 뿐이다.

하나님의 섭리는 외부로부터 인간의 마음을 구속하려 하지 않는다. 왜냐하면 하나님의 섭리는 어느 누구도 섭리의 영향력을 의식하기를 바라지 않기 때문이다. 그러나 하나님은 우리 인간들이 하나님의 섭리의 진리를 찾아낼 것을 요구한다. 이 진리는 보편적인 것이어서 이 진리가 미치지 않는 곳은 없다. 그러므로 이 진리는 인간의 예측을 초월한다. 그래서 주사위의 회전의 결과가 무엇이든간에 모든 것은 완벽하게 하나님의 섭리에서 유래한다. 하나님의 섭리는 영원토록 확장되고 계속되는 것으로 모든 것을 발생하기 이전에 결정짓는다. 그러나 사람들은 이것을 알 수 있는 능력이 없다. 신비스러운 섭리의 작용은 보통사람들에게는 인지되지 않는다. 사람들이 할 수 있는 모든 것은 이성이라는 기능을 고갈시키고 그들의 자유의 힘을 구사하면서 나머지는 하나님의 사역에 맡기는 것이다. 이런 식으로 스베덴보리는 능숙하게 예정설과 자유의지에 대한 논증을 조화시키고자 했다.

다음으로 스베덴보리는 이 책에서 이해력과 의지의 관계를 논하면서 이해력으로는 들어가고 의지로는 들어가지 않는 것들은 물 위의 거품과도 같다고 논하고 있다. 그런 것들은 마음의 표면에서 정지하여 마음의 핵심을 꿰뚫지 못하기 때문에, 외적인 행위라는 결과를 가져오지 못한다. 누군가의 이해력이 얼마나 향상되어 있건 간에 그것이 감정을 수반하지 않을 경우에는 그 사람의 영적인 진전을 방해하게 된다. 그러므로 사람들은 먼저 자신들의 감정을 정화(淨化)하고 선(善)인 진리 안에서 그런 것들을 찾아내어야 한다.

다음으로 스베덴보리는 세상에 악과 허위가 존재하는 이유를 설명하고 있다. 이 항목은 불교의 방편(方便;expedient means)과 공통점이 있다. 말하자면 악과 허위가 선과 진리에 의해 극복될 수 있도록 하기 위해 잠시 우쭐대는 것을 허용하는 것이 하나님의 섭리라는 것이다. 그렇다고 해서 섭리가 선한 사람과 악한 사람 모두에게서 드러나지 않는다고까지는 말할 수 없다. 하나님의 섭리는 계속해서 사람들로 하여금 천국으로 들어갈 것을 권하고 있다. 이에 응하여 선한 일을 하거나 응하지 않고 악을 행하는 것은 사람들의 자유이다. 이 자유를 악하게 이용하면 자아에 대한 집착이라는 결과를 가져온다.

각 사람은 구원받을 수 있는 기질과 능력을 지니고 있다. 구원받지 못하거나 은혜를 받지 못하는 것은 스스로를 구원하지 않은 결과로 생기는 것이다. 구원에 이르려면 필수적으로 죄악과 같은 여러 가지 악은 하나님의 섭리에 어긋나는 것이라는 점을 인정하고 멀리하여야 한다. 그러므로 악인 줄 알고서도 악한 행위를 거듭하는 것은 섭리를 거스르는 반칙이다. 악한 일을 했다고 말하는 것만으로는 충분치 않다. 우리는 악의 더 큰 종교적인 의미를 지각하고 다만 선을 지향하면서 최선을 다해 악을 피해야 한다. 이것이 구원으로 가는 가장 빠른 길이다. 구원은 점진적으로 온다. 구원은 하나님의 직접적인 은혜를 통해 즉시 실현되지 않는다. 이는 하나님의 섭리에 반하는 것이기 때문이다. 믿음만으로는 구원이 불가능하다. 우리는 자비와 사랑이 더해지고 나서야 구원이라는 열매를 맺게 된다는 것을 인식해야만 한다.

죄를 지으며 한평생을 보내고 임종에 임해서 "제발, 하나님, 저를 구원해 주십시오."라고 말해도 이 한마디로 지난 세월의 더러움을 깨끗이 할 수는 없을 것이다. 처음부터 죄를 깊이 뉘우치는 마음을 가지고 죄를 인정하는 가운데 사랑과 지혜에 어울리는 착한 행위를 쌓아 가는 것이 중요하다. 이런 식으로 평화스러운 죽음에 임할 수 있다. 이런 점들이 『하나님의 섭리』의 주요한 특징들이다. 이 책은 『하나님의 사랑과 지혜』가 출판된 이후에 일본에서도 발행될 것 같다. 스베덴보리를 연구하는 학자들은 이 책을 읽어 보아야 할 필요가 있다.

『계시록열림(Apocalypse Revealed)』은 스베덴보리의 나이 78세 되던 해인 1766년에 발행되었다. 이 책에서 그는 요한계시록의 숨은 의미를 드러내어 주고 있다. 그가 영적인 통찰력으로 경험한 것들을 설명하는 가운데, 그의 진술은 극도로 환상적이고 가변적이어서 독자들은 그 의미에 대해 당황해 한다. 스베덴보리는 이 책이, 말하자면 그 영적인 의미가 천사들에 의해 전달된 것으로 생각했다(암스테르담에서 출판되었다. 사절판 629페이지).

1768년에 『결혼애(Conjugial Love)』가 출판되었다. 당시 스베덴보리는 80세였다. 이 책은 양성(兩性)간의 사랑의 순수와 불순 모두에 대하여 설명하고 있다. 순수한 것은 성실한 사랑으로부터 발생하여 두 남녀를 결합시켜 남편의 지성과 아내의 애정으로 (양 성을) 조화롭게 한다. 불순한 것은 단지 외적인 결합으로 바른 길에서 벗어난 것임을 스스로 증명해 보인다. 이 책은 두 편으로 나뉘어져 있으며 535개 항목으로 구성되어 있다(암스테르담에서 발행되었다. 사절판 328페이지).

『새 교회 교리의 간략한 설명(A Brief Exposition of the Doctrine of New Church)』은 1769년에 출판되었다. 이 책은 스베덴보리에 의해 주창된 새 교회의 교리를 간략한 술어로 설명하고 계시록의 '새 예루살렘(New Jerusalem)'의 의미를 명확히 밝히고 있다(암스테르담에서 발행되었다. 사절판 67페이지). 같은 해에 『혼과 몸의 상호작용(The Interaction of the Soul and the Body)』이라는 소책자가 런던에서 발행되었다.

그의 나이 83세가 되던 1771년에 스베덴보리는 자신의 마지막 저술 『진실한 기독교(True Chrishtian Religion)』를 발행했다. 이 책에서 그는 자신의 신학을 체계적으로 설명하고 있다. 먼저 절대적 실체를 논하고 계속해서 구세주의 교리를 언급하고 있는 이 책은 성령, 삼위일체, 성서, 십계명의 현교적(顯敎的)인 중요성과 비교적(秘敎的)인 중요성, 믿음, 사랑, 자유의지, 회개, 개혁, 거듭남, 죄의 사면, 세례, 성만찬, 교리의 종말, 주님의 재림, 새 천국, 그리고 새 교회를 내용으로 하는 모두 14개의 장으로 구성되어 있다. 이 방대한 양의 저술은 815개 항목으로 구성되어 있다.

『진실한 기독교』는 스베덴보리가 발행한 마지막 저술이다. 다음 해인 1772년 3월 29일(일요일)에 그는 런던의 하숙집에서 이 세상에서의 자신의 삶의 종언을 고했다. 그의 나이 84세 때였다. 출판된 책 외에도 스베덴보리는 많은 분량의 원고를 남겼다. 예를 들면 그는 그의 『영계일기(靈界日記;Spiritual Diary)』에 1747년에서 1765년에 이르는 동안의 영적 조우(遭遇)에 대한 세부사항들을 기록해 두었다. 1766년의 『계시록열림』의 발행으로부터 그는 그의 각각의 저서에서 그의 경험들을 '기억되어야 할 조항들'로 언급했다. 그러한 경험들은 이미 『영계일기』 속에 수집, 정리되어 오고 있었다. 그러나 일반 독자들은 상당한 부분을 접할 수 없다. 이 원고들은 하나하나 사진 평판으로 구성되어 오늘날 라틴어 원본으로 현존하고 있다. 원고는 둘로 접혀져 있으며 글씨는 매우 작다. 글씨는 잘 정돈되고 정교해 보인다. 70대를 거친 80대의 노인으로 매일 강한 의욕으로 집필에 임하고 단 하루의 평안함도 모르고 그것을 책으로 발행하고자 고국을 떠나 네덜란드와 영국을 찾았던 인물, 오늘날의 게으른 학자들이 이 점에 대해 생각한다면 쥐구멍에라도 기어들어가고 싶은 심정이 들 것이다.

해외에서 공부를 하고 책을 발행하기 위해 두세 번 영국을 방문한 것에 그치지 않고 스베덴보리와 영국은 어떤 매우 강력한 결속력으로 맺어져 있었음이 분명하다. 왜냐하면 그는 실제로는 이 세상을 하직하기 위한 의도로 영국에 간 것으로 보이기 때문이다. 그는 암스테르담에서 『진실한 기독교』를 출판한 후 1771년 여름에 마지막으로 영국으로 건너갔다. 다음해 3월에 그는 런던의 하숙집에서 세상을 하직했다. 그는 자신의 죽음을 미리 알고 여주인과 하녀에게 자신의 죽음을 알렸다. 그들은 스베덴보리가 자신의 죽음이 다가오는 것을 주시하면서 페스티벌에 가거나 또는 밖으로 놀러나가려는 아이처럼 기뻐했다고 말했다.

84세의 이 노인은 그의 평생 동안 이미 다른 세상의 상황들을 직접 목격해 오고 있었던 것이다. 그는 자신이 가게 될 곳에 대한 개인적이고 또 완벽한 지식을 지니고 있었던 것이다. 마침내는 이 영역으로 들어가게 될 것을 알고 있던 그로서는 기쁘지 않을 이유가 없었을 것이다. 그의 육체는 스웨덴 교회와 연고가 있는 공동묘지에 안장되었으나, 그의 사후 136년이 지난 1908년에(당시에 나는 런던에 있었다.) 스웨덴 국왕은 스베덴보리의 유해를 본국으로 이장하고자 하는 국립아카데미의 청원에 서명을 했다. 그의 유해는 스웨덴 군함으로 운구되어 웁살라에 있는 대성당에 다시 안장되었다. 스베덴보리를 기리기 위해 스웨덴 의회는 대리석 석관을 세웠다. 웁살라 대성당은 영국의 웨스트민스터 사원에 비견될 수 있는 곳으로 스웨덴의 저명한 존재들만 안장되어 있다.

제4장
희귀한 영적 투시력

　오늘날 우리 사회에서는 천리안과 천리안을 가진 사람에 대한 심리학적인 연구를 둘러싸고 설왕설래하는 일이 빈번하다. 스베덴보리와 같은 누군가가 이러한 연구에 대한 탁월한 자료를 제공하고 있다고 말해서는 안 되는 것일까? 개인적으로 천국과 지옥을 둘러본 스베덴보리는 천사, 영, 악마, 그리고 그곳에 거주하는 거주민들에 대한 설명을 포함하여 천국과 지옥의 조직을 진실하고 명확한 술어를 구사해 논증했다. 심리학적인 관점에서 보아 이 점만으로도 그는 철저한 검토를 요하는 존재가 된다. 게다가 그는 종교와 철학에 관련된 다른 의문점들을 제시하고 있다. 그의 천리안적인 능력과 과거를 투시할 수 있는 힘은 심리학자들에게 특히나 좋은 연구 주제가 될 것이다.

　스베덴보리는 원했다면 명성과 부를 얻기 위해 그의 영적인 능력을 사용할 수도 있었을 것이다. 그가 정말로 이런 종류의 신비스러운 영적 소통을 했다는 것에는 반증하기 어려운 증거가 있는 것으로 보인다. 그러나 귀족 생활의 일을 하면서 그는 그러한 조잡한 능력을 남들에게 과시하지 않았다. 사람들이 찾아와 그의 능력을 증명해 줄 것을 부탁해도 그는 죽은 자의 영역과의 관계는 주 하나님에 의해서만 용인될 수 있는 것이라 말하면서 쉽사리 응하지 않았다. 그는 위급한 경우가 아니면 영적인 소통을 할 수 없다고 말했다. 이 세상과 다음 세상 사이의 길을 판별하는 것은 그 깊이에 있어서 하나님의 섭리의 실재인 까닭에 그것은 보통 사람들의 능력으로 무모하게 시도될 수는 없었다.

그는 자신과 영계와의 상호작용을 위해 허용된 것은 하나님께서 자신에게 특별히 분부를 내리셨고 또 이에 대해 특히 신기한 것은 전혀 없다는 사실이라고 말하기도 했다. 쓸데없이 세상 사람들의 마음을 기쁘게 해 주는 것은 자신의 사명의 목적을 망각하는 것으로 하나님의 의지는 이런 데에 있는 것이 아니라고 그는 말했다. 물론 이런 종류의 진술은 핑계처럼 여겨질 수도 있을 것이다. 오늘날 일반 독자들은 당연히 스베덴보리의 천리안적인 능력의 증거를 열망하고 있다. 그러므로 나는 일말의 의문도 남기지 않을 한 예를 들어 보이고자 한다. 스베덴보리와 동시대를 산 임마누엘 칸트에 의해 심리학적인 연구라는 명목으로 이루어진 철저한 연구가 그것이다. 1758년 8월 10일자로(실제로는 1768년에 쓰여졌다) 되어 있는 편지에서 칸트는 (그의 재정적 후원자인) 샬롯 폰 크노블로흐 부인에게 다음과 같은 내용을 알려 주었다.

다음의 사건은 내게는 최대한의 유력한 증거로 보이며 스베덴보리의 의심의 여지가 없는 비범한 재능에 관한 주장을 확

—
106

인할 수 있는 것으로 여겨집니다. 1756년 9월 (사실은 1759년 7월에 발생했다.) 토요일 오후 네 시에 스베덴보리는 영국으로부터 스웨덴의 고센부르그에 도착했습니다. 그 때 스베덴보리의 지인 윌리엄 가스텔이 15명이 함께 하는 그의 집 파티에 스베덴보리를 초대했습니다. 여섯 시 무렵 스베덴보리는 밖으로 나갔다가 깜짝 놀라 하얗게 질린 표정으로 일행에게 되돌아왔습니다. 그는 방금 스톡홀름의 남부 지방(고센부르그에서 약 300마일 떨어진)에서 위험한 화재가 발생해 빠른 속도로 번지고 있다고 말했습니다. 그는 안절부절하며 자주 밖으로 나갔습니다. 그는 이름을 대면서 그의 친구들 중 한 친구의 집이 이미 잿더미가 되어 버렸고 자기 자신의 집도 위험하다고 말했습니다.

8시에 다시 밖에 나갔다 되돌아 온 그는 기쁨에 넘쳐 소리쳤습니다. "하나님! 불이 꺼졌어요. 내 집에서 세 집 건너서." 이 뉴스는 전 도시에 커다란 소동을 불러 일으켰습니다. 그날 저녁 이 뉴스는 지사에게 알려졌습니다. 일요일 오전 지사는 스베덴보리를 불러서 화재에 대해 물어보았습니다. 스베덴보리는 어떻게 해서 화재가 시작되었고, 어떤 식으로 불이 꺼졌는지, 그리고 얼마나 오래 계속되었는지 상세하게 화재에 대해 설명했습니다. 그날 이 뉴스는 전 도시에 퍼져나갔습니다. 그리고 지사가 이 뉴스를 유의할 만하다고 생각했으므로 놀라움이 커졌습니다. 많은 사람들이 그 참사에 휩쓸렸을 수도 있는 그들의 친구와 재산의 소실로 인해 괴로워했습니다.

월요일 저녁에 스톡홀름으로부터 특사가 고센부르그에 도착했습니다. 그는 불이 나고 있던 동안에 무역국에서 파견되었습니다. 그가 가져온 편지에는 스베덴보리가 진술한 것과 정확하게 똑같은 식으로 화재가 설명되어 있었습니다. 화요일 오전에 왕실 급사(急使)가 화재와 화재로 인한 손실, 그리고 화재로 인해 해를 입고 파괴된 주택들에 대한 우울한 소식을 가지고 지사 집무실에 도착했습니다. 급사가 전한 소식은 화재가 발생했던 바로 그 때에 스베덴보리가 전한 소식과 조금도 다르지 않았습니다. 왜냐하면 불은 8시에 꺼졌기 때문입니다.

스베덴보리의 영적 투시력의 희귀성을 증명하는 이보다 더한 사건들도 있지만 이런 종류의 사건들이 그의 진정한 인격에 대한 평가를 높이거나 낮추지는 못하는 것이기 때문에 그런 것들에 대해 쓸데없이 지껄여대지 않고자 한다. 나는 다만 그가 이러한 부류의 경험을 지니고 있었다는 것을 언급하는 것으로 결론짓고자 한다.

제5장
인품과 생활양식

スベ덴보리의 용모에 대하여는 우리가 언급할 수 있는 믿을 만한 사실이 전혀 없다. 다만 초상화를 통해 그의 얼굴 모습을 알 수 있으나 남아 있는 좋은 초상화는 그리 많지 않은 듯하다. 스베덴보리의 절친한 친구인 앤더스 J 폰 휍켄에게 주고자 그려진 스베덴보리의 초상화가 최초로 그립숄름 국립미술박물관에 걸렸다. 우리는 그의 용모에서 풍성하게 넘쳐 흐르는 지혜를 보고 또한 그의 신중함과 확고한 의지를 감지하게 된다. 특히 반짝이는 그의 눈에서 우리는 고귀함과 불가사의한 힘을 보고 그가 범상한 사람이 아니라는 것을 알게 된다.

스베덴보리는 그의 인생의 후반기에 암스테르담에 존 크리스챤 쿠노라는 친구를 두게 되었다. 그는 스베덴보리 신봉자는 아니었지만 스베덴보리의 인품에 매료되어 있었다. 쿠노는 스베덴보리에 대해 아주 흥미로운 설명을 하고 있다. "…그가 푸른 눈에 미소를 지으며 나를 응시할 때면—그는 대화를 나눌 때면 항상 그런 미소를 지었다—그 눈동자로부터 진실 그 자체를 말하고 있는 것 같았다." 그 눈을 마주보면 그를 조롱하던 사람들조차도 경외감에 가득찼던 것으로 보인다. 쿠노는 또 다음과 같이 말하고 있다.

나는 이따금 크게 출세한 사람들의 모임에 스베덴보리를 데
리고 갔었는데 그들은 조롱꾼들이 되어 이 노신사를 비웃는
것을 그들의 목적으로 삼았다. 그러나, 스베덴보리가 솔직한
어린아이처럼 주저함이 없이 확신에 가득 차서 영계에 대한
희귀한 것들을 이야기하면 그들은 웃음과 작정했던 조롱도
잊어버리고 아연하여 귀를 기울이던 모습을 나는 놀라움으로
지켜보곤 했다. 그의 두 눈은 모든 이를 침묵하게 만드는 재능
을 지닌 듯 했다.

누군가가 이미 천국과 지옥을 여행하고 주 하나님으로부터
직접 명을 받는 등의 경험을 주장할 경우, 그는 거만하게 자신
을 위로 올리고 편협해지고 엄격해지고 다른 이들을 용납하
지 않는 것이 인간의 본성인데 스베덴보리는 이와 정반대였
다. 그는 더러움을 벗어난 초월적인 신비주의자의 모습으로
모든 문제에 있어서 어린아이처럼 순진무구했다.

훼켄 백작은 다음과 같이 말했다.

나는 스베덴보리를 42년 동안 알고 지내 왔을 뿐 아니라 언제
부터인가 매일 그와 함께 했다. 나는 스베덴보리보다 더 한결
같이 고결한 사람을 만나본 적이 없다. 그는 언제나 만족해 있

었고, 화를 내거나 무뚝뚝한 적이 없었다. 그는 진정한 철학자였으며 또한 진정한 철학자의 삶을 살았다. 그는 부지런하게 일했고 검소하게 살았다. 그는 모든 경우에 견실한 판단을 지니고 있었다. 그리고 모든 주제에 대해 스스로를 잘 표현했다. 그는 세속적인 철학자들을 강력하게 거부했다. 그는 성실함, 미덕, 경건함의 전형이었다. 내가 보아온 바로 내 나라에 스베덴보리만큼 깊은 지식을 지닌 사람은 아무도 없었다.

스베덴보리의 생활양식은 그의 주요한 업무와 일치하여 지극히 단순했다. 암스테르담에서의 그의 생활에 대하여 쿠노는 다음과 같이 말하고 있다.

그는 소박한 도시 사람들의 집에 하숙을 정하고 그들과 함께 살았다. 하숙집 내외는 상점을 운영하면서 채색한 서양목, 무명, 손수건 따위를 팔았다. 그들은 어린아이들도 여러 명 키우고 있었다. 나는 하숙집 여주인에게 노신사가 지나치게 요구하는 것이 없느냐고 물어보았다. 그녀는 "그분은 뭘 요구하는 경우가 거의 없어요. 아침에 화덕에 불을 피우는 일 외에 하인들이 하는 일은 아무 것도 없어요. 그분은 매일 저녁 7시에 잠자리에 드시고 아침 8시에 일어나십니다. 그분으로 인해 우리가 걱정할 건 아무 것도 없어요. 낮 동안에는 그분이 계속 불을 지폈고 잠자리에 들 때에는 불로 인해 피해가 생기지 않도록 단단히 주의를 했어요. 그분은 혼자 옷을 입고 벗으시고 모든 일을 스스로 다 하셔서 집안에 누가 있는지조차 알 수 없을 정도에요. 나는 그분이 여생을 우리와 함께 하셨으면 좋겠어요. 아이들이 그분을 가장 좋아한답니다. 그분은 외출하실 때면 꼭 아이들을 데리고 나가 사탕과자를 사 주셨거든요. 그래서 이 어린 녀석들은 노신사 분을 너무나 좋아해서 저희들 부모보다 그분을 더 좋아한답니다. 나는 그분이 상당히 부자라고 생각하고 있어요."

이 무렵 스베덴보리는 이미 80세가 넘어 있었다. 80대의 노인이었음에도 그는 혼자 대양을 횡단해 아무 동료도 없이 스웨덴에서 네덜란드와 영국으로 여행을 했다. 당시는 오늘날과 다른 시대였다. 기차나 증기선 같은 것도 없던 시절이었다. 순풍을 타고 영국에서 네덜란드로 가는 데에만도 일주일의 시간이 걸렸다. 그래서 멀리 타지에서 온 사람들은 여행의 괴로움을 노래로 부르기도 했다. 그러나 이 강건한 노신비주의자는 이 항구에서 저 항구로 튀어 오르듯 돌아다니며 하나님의 명에 따라 자신이 기록했다고 믿는 책들의 발행에 여념이 없었다.

밀턴의 말처럼 인간이 신들과 함께 신성한 음식을 함께 하려면 평소에 적당히 먹어야만 한다. 사실 과식과 영적인 수련은 함께 할 수 없는 것으로 보인다. 스베덴보리는 육체적 욕구에 굴복하는 것에 대해 항상 훈계했다. 풍성한 음식에 탐닉하는 사람들의 기공(氣孔)에서는 악한 에너지가 스며 나오고 이런 의지는 구더기와 방을 가득 채우는 벌레들을 생기게 한다고 가르쳤다. 처음으로 영적 경험을 가지기 시작했을 때 그의 음식의 질은 일반인들의 그것과 전혀 다르지 않았다. 다만 많은 양의 음식의 섭취를 삼가했을 뿐이었다. 그러나 그의 생애의 마지막 15년 동안에 고기는 거의 먹지 않았고 가끔 생선, 그 중에서도 보통 뱀장어를 먹는 경우가 있었다. 그의 주식은 빵, 버터, 우유, 커피, 아몬드, 건포도, 야채, 비스킷, 케이크, 그리고 생강이 든 과자로 한정되어 있었다. 그는 꽤 많은 양의 물을 마셨으며 특히 커피를 좋아했다. 철학자와 카페인 사이에는 매우 밀접한 관계가 있는 것으로 보인다. 일본에서도 불교의 승려들에 의해 중국에서 처음으로 차가 수입되었다. 그 후로 불교 승려와 차 사이에 특별한 유대관계가 발전되어 왔다. 스베덴보리는 양초가 타고 남은 찌꺼기를 매우 좋아했다. 오늘날에도 그 조각들이 그의 원고 사이에 남아서 오래 가는 냄새가 배어 나온다. 이 냄새로 인해 아주 신기하게도 그의 원고들은 책벌레의 해를 입지 않았다. 그를 채식주의자라고까지 할 수는 없지만 그는 고기는 그다지 좋아하지 않았다. 그는 고기를 좋아하는 취향은 천국의 길과는 상반되는 경향이 있다는 것을 인정했던 것으로 보인다. 스베덴보리는 다음과 같이 말하고 있다.

고대 사람들은 고기를 먹지 않았다. 동물을 죽이는 것을 극악한 짓이라 여겼기 때문이었다. 그러나 그 뒤 세월이 흐르면서 사람들의 마음이 잔인하고 야만스러워졌다. 그들은 살아있는 동물들을 도살하며 그 고기를 먹는 것을 아무 것도 아닌 것처럼 생각하기에 이르렀다. 인간이 이런 특성을 지니고 있는 한 그들이 고기 먹는 것을 중단하는 것은 불가능하다고 생각한다.

육식은 순수하고 고결한 생각과는 맞지 않는 것으로 보인다. 스베덴보리의 의복은 남의 눈을 끌 만한 아무런 장식도 없이 매우 단순했다. 그러나 그의 인격과 같은 부류의 누군가에게는 매우 적합한 것이었다. 외출할 때에는 당시의 관습에 따라 가발을 썼으나 그리 길지는 않았다. 허리에는 이상하게 생긴 칼집 속에 들어 있는 칼을 차고 손에는 윗부분이 금으로 된 지팡이를 들었다. 그리고 조임쇠를 은과 금으로 장식하고 보석으로 무늬를 박아 넣은 신발을 신었다. 그렇다고 한다면 은, 금 그리고 보석은 오히려 겉치레인 것처럼 보일 수도 있었겠지만 당시의 스베덴보리와 같은 신분의 사람들에게는 특별히 놀랄 만한 것은 아니었다. 더구나 자신의 인생의 종말이 다가오자 그의 마음은 자신의 소명에 완전히 몰입되어 그가 외출할 때에 그의 일상에 뭔가 이상한 점이 눈에 띄었다고 전해진다. 주위에 아무도 없어서 잘못된 의상을 바로잡아 주지 않으면 그는 그것을 눈치채지 못한 채 그냥 군중들 속으로 걸어 들어갔다고 한다. 당시 그는 초대에 응하여 어딘가를 갔는데 조임쇠의 짝을 잘못 단 신발을 신고 갔다. 그가 초대받은 집에 도착했을 때 젊은 부인들이 그를 보고 웃음을 터뜨렸다고 전해진다.

나이가 들면서 스베덴보리는 날짜가 며칠인지, 낮인지 밤인지 따위와 같은 것들을 알아채지 못하고 부지런히 자신의 저술에 열중했다. 그는 고정된 시간에 관계없이 졸리면 잠을 잤다. 한번은 깨지 않고 13

시간 동안 잠을 잔 적도 있다. 어떤 종류의 명상의 상태에 들어가면 그는 먹지도 않고 일도 하지 않으면서 며칠 동안을 침대에 누워 있기도 했다. 임종이 가까워지자 그는 어떤 영양도 취하지 않은 채 3주 혹은 4주 동안 이런 종류의 명상에 몰입했다. 그 뒤 스베덴보리는 일어나 이전의 자신으로 되돌아갔다고 전해지고 있다. 이런 경우에 그는 스스로 자연스럽게 일어날 것이라 말하면서 아무도 자신에게 접근치 못하게 했다. 이런 유형의 잠에서 깨어나면 그는 즉시 불을 켜고 펜을 집어들었다.

그의 돈에 대한 무관심은 문서상으로 증명되어 있는 사실이다. 스웨덴 정부가 지급하는 연금 외에도 그는 상당한 자산을 지녔다. 그 많은 자산의 이자로 일상생활, 여행, 출판 비용 등을 충당했다. 이미 이런 수입을 가지고 있었기 때문에 그는 자신의 출판에서 어떠한 이익도 취하지 않았으며 달리 돈을 벌 궁리도 전혀 하지 않았다. 이런 점에서 그는 다행스럽게도 엄청난 자립을 누렸던 것이다. 그는 돈 빌리는 것을 좋아하지 않았다. "이 세상의 거지들이 설쳐댈 때면 그들은 모두 불한당들이 된다. 그들이 가엾더라도 잘 살펴보지 않고 무차별적으로 베푼다면 실제로는 그들을 그르치게 된다."라고 말하면서 함부로 자선을 베푸는 것을 몹시 싫어했다.

이 말은 분명히 온전한 논증이다. 오늘날의 박애주의는 이러한 원리에 기반하고 있어서 개개인들은 거리에서 빈민 구호품을 주지 않는다. 돈과 재화만이 베풀어지는 것이 아닌 것이다. 스베덴보리의 생각에 의하면 돈을 빌려주는 것은 돈을 잃어버리는 것과 똑같다는 것이다. 더구나 그의 모든 수입은 여행과 책의 발행에 소요되었기 때문에 그는 다른 이들에게 돈을 대주거나 빚을 내어 쓰지도 않았다. 조심스럽게 예산을 세워 돈을 썼지만 그는 하숙집 주인이 집세를 청구할 때에는 그로 하여금 자기가 지갑을 놓아 둔 곳으로 가서 그가 원하는 액수만큼 가져가게 했다. 그와 금전적인 거래를 한 사람들은 모두가 그가 관대했다고 말했다.

스베덴보리가 63년 넘게 집필한 저술들은 엄청나게 많다. 500페이지짜리 8절판 책으로 계산할 경우 60권에 이른다. 그러나 실제로는 이것이 그의 저술의 모두가 아니다. 스톡홀름의 국립도서관에 발표되지 않은 원고들이 소장되어 있기 때문이다. 오늘날 다수의 학자들이 이 원고에 대한 연구를 진행하고 있다. 그들 모두는 매우 사려 깊게 원고를 다루고 있다. 하룻밤 사이에 서둘러 완성한 것이 아니기 때문이다. 물론 특정한 부분에서는 같은 사항이 거듭 반복되고 있는 것으로 보인다. 그러나 스베덴보리가 단념할 수 없었다는—하나님의 계시의 요구에 응해야만 했기 때문에 절박해져서—사실이 전반적인 그의 저술의 길을 떨어뜨리는 것은 아니다. 이는 스베덴보리의 매형인 벤젤리우스 비숍이 그에게 시간을 절약하는 방법을 가르쳐 주었기 때문이다. 이런 점이 없었더라면 스베덴보리는 질과 양에 있어서 그처럼 많은 저술을 할 수 없었을 것이다.

다시 또 놀라운 것은 자신의 모든 책을 비서나 복사 담당자의 도움 없이 모두 스스로 썼다는 사실이다. 각 권의 책 모두가 정돈되고 체계적이어서 단 한 줄도 제 자리에 놓이지 않은 것이 없다. 그는 처음부터 일종의 색인을 설정하여 그가 책을 쓸 때면 이미 발표한 사항에 대한 참고사항이나 인용이 잘 조직되어 있어서 오류가 없었다. 이러한 색인은 한 권의 책으로 편찬되어, 그것을 보는 사람들에게 스베덴보리가 후세에 남긴 의견이 얼마나 많은지를 이해할 수 있게 해준다. 앤튼 조셉 퍼니티는, "스베덴보리는 밤이나 낮이나 글을 쓰는, 지칠 줄 모르는 사람이었다."라고 말했다. 쿠노는 회고록에서 다음과 같이 말하고 있다.

> 그는 새로운 저술을 할 때면 놀랍고도 초인적인 방식으로 혼신의 힘을 기울였다. 형식에 있어서 그의 이전 책에서 사용된 것보다 두 배 적은 열여섯 장은 이미 인쇄되어 있다. 인쇄된 모든 장에 그는 원고로 된 네 장을 채워 넣어야 한다. 이제 그는 매주 두 장이 인쇄되도록 해야 한다. 그는 이것들을 스스로 바로 잡는다. 그래서 결국 그는 매주 여덟 장을 써야만 한다.

이는 분명히 힘든 일이었다. 이 무렵 스베덴보리는 3일이 빠지는 83세의 나이였기 때문이다. 스베덴보리의 저술이 멋대로이고 혼란스럽다고 말하는 사람도 있지만 전혀 그렇지 않다. 중요한 문제에 부딪히면 그는 여러 차례 초고를 수정하곤 했다. 그래도 결과가 만족스럽지 못하면 그는 그것을 모두 집어 던져 버리고 다시는 돌아보지 않았다. 나이가 들자 스베덴보리는 자신의 많은 시간을 여행을 하면서 보낸 까닭에—아니면 오히려 여행의 필요성이 없었기 때문에—단 한 권의 참고 서적도 지니지 않았고 히브리어로 된 성경의 일부를 자신의 소유 장서로 삼았을 뿐이었다.

종교에 대한 스베덴보리의 저술은 영국과 네덜란드에서 발행되었고 그의 본국에서는 발행되지 않았다. 당시에는 영국과 네덜란드 두 나라만이 종교의 자유를 허용하고 있었기 때문이다. 그는 처음에는 『진실한 기독교』를 파리에서 인쇄하려 생각했다. 그러나 검열 당국의 검열을 통과하지 못해 결국 이 책은 파리에서 출판될 수 없었다. 그런 사소한 문제에 있어서조차 스베덴보리는 세상을 속이는 것을 원치 않아서 그 책을 암스테르담으로 가져가 그곳에서 인쇄했다. 나는 그의 인격과 행동에 대하여 스웨덴의 역사학자 앤더스 프릭셀에게서 들은 이야기를 마지막으로 독자들과 함께 하고자 한다.

나의 할머니는 열대여섯 살 소녀였을 적에 그녀의 아버지와 함께 스베덴보리의 집에서 멀지 않은 곳에 살고 있어서 그와 사이가 좋았다고 한다. 젊은 처녀였던 나의 할머니는 자신의 어린아이다운 호기심에 이끌려 '스베덴보리 아저씨'에게 영이나 천사를 보여 달라고 졸라 대곤 했다. 마침내 그는 승낙을 하고 나의 할머니를 자신의 정원에 있는 여름 별장으로 데리고 가 그녀를 커튼 앞에 서게 했다. 그리고 나서, "자, 이제 천사를 보게 될 거야."라고 말했다. 그렇게 말하면서 그가 커튼을 끌어당기자 젊은 처녀는 거울에 비치는 자신을 마주하게 되었다.

제6장
전반적인 견해와 진술

꙳꙳꙳- -꙳꙳꙳

    스베덴보리가 천국과 지옥을 다녀온 경험에 대하여 그러한 경험이 주 하나님의 숨은 의지에서 유래된 것인지의 여부를 논하자는 것이 이 책의 목적이 아니다. 아무튼 스베덴보리의 이러한 경험은 그의 호흡과 밀접하게 관련되어 있는 것으로 보인다. 그의 숨쉬기는 그로 하여금 호흡의 기술에 대한 광범위한 연구를 이행토록 한 원인이 되었던 것이다. 그의 '상응'이라는 이론에 의하면 인체의 폐는 이해력에 상응하고 심장은 사랑에 상응한다. 사랑과 이해력간의 영적인 관계는 심장과 폐와의 관계와 똑같으므로 하나를 알게 되면 다른 것을 인식할 수 있다. 그러므로 정확한 호흡의 조절은 이해력을 향상시킨다. 숨을 쉴 경우 내적인 호흡과 외적인 호흡으로 구분되는 바, 외적인 호흡은 이 세상에서 오는 것이고 내적인 호흡은 영적인 세계로부터 오는 것이다. 사람이 죽을 때, 그의 외적인 호흡은 멎는다. 그러나 고요하며 소리없는 내적 호흡은 영원히 지속된다. 사람들이 육신을 유지하고 있는 동안에는 그들의 내적인 호흡을 느끼기 힘들다. 내적인 호흡은 너무나 고요하기 때문이다. 이 호흡은 전적으로 영이 유지하고 있는 진실한 믿음에서 발생하는 것으로 영의 생명이다. 영적인 세계와의 일치는 이 호흡에 의한다. 스베덴보리는 이 호흡에 대한 자신의 개인적인 체험을 다음과 같이 말한 바 있다.

> 나는 아주 어린 시절에 처음으로 내적인 호흡을 느끼는 데에 익숙해졌다. 그 후로는 아침 기도나 저녁 기도를 드릴 때, 그리고 폐와 심장의 조화를 모색할 때, 그리고 특히 철학 서적을 집필하느라 몰두해 있을 때 내적인 호흡을 느꼈다. 일 년 여의 과정을 거치면서 나는 계속해서 거의 지각할 수 없는 잠잠한 호흡이 있다는 것을 깨달았으며 그 내적인 호흡은 뒤이어 깊이 생각하고 나서 펜을 들고 쓸 수 있도록 해 주었다. 그러므로 나는 어린아이였을 때부터 외적인 호흡을 멈추고 특히나 사색에 집중함으로써 내적인 호흡을 활성화할 수 있었다. 그렇지 않았으면 집중적인 진리의 연구는 불가능했을 것이다. 그 뒤로 내게 천국이 열려 영들과 대화가 가능했을 때 한 시간 동안 들이마시는 숨을 거의 쉬지 않았던 적도 있다.

우리 모두가 스베덴보리와는 다르게 외적 호흡과 내적 호흡을 구분할 수는 없지만 호흡의 규제와 마음과 몸의 수련 사이에는 밀접한 관계가 있음이 분명하다. 스베덴보리가 거의 태어나서부터 이런 내적 호흡을 느꼈다는 사실은 그의 만년의 사명(mission)에 큰 중요성을 지니고 있다.

—

영적인 영역에 들게 되자 스베덴보리는 자신이 그곳에서 목격했던 것들을 독자들에게 알리기 시작했다. 『천국과 지옥』을 보면 그가 영계에서 목격하고 관찰했던 모든 것들이 나와 있다.

한두 가지 그 예를 들어 보고자 한다. 먼저 『결혼애』 232항 "결혼에 대한 일반적인 개념"의 두 번째 진술(『진실한 기독교』 333항 참고)을 보기로 하자.

얼마 뒤, 나는 다시 앞에서처럼 더 낮은 땅으로부터 "오, 학문이 높으신 분이여!" 그리고 "오, 지혜가 높으신 분이여!"라고 외쳐대는 소리를 들었다. 내가 어떤 천사들이 와 있는지 보려고 주위를 둘러보니 놀랍게도, "오, 학문이 높으신 분이여!"라고 소리지르고 있는 그들 위로 천국으로부터 천사들이 내려와 있었다. 나는 천사들에게, 외쳐 대는 소리에 대해 말을 해보았다.

천사들은 "이들은 학문이 높은 사람들이지만 어떤 사물의 존재 여부를 추론만 합니다. 그래서 사물이 존재한다고 생각하는 경우는 거의 없습니다. 그러므로 불다가 사라지는 바람과 같고, 속이 텅 빈 나무껍질 같고, 알맹이가 없는 아몬드 껍질 같고, 과육이 전혀 없는 과일의 껍질과 같습니다. 왜냐하면 그들의 마음은 내적인 판단은 전혀 없고 신체적인 감각과 합일되어 있을 뿐이기 때문입니다. 그러므로 만일 바로 그 감각이 판단하지 않으면 그들은 어떤 결론도 내리지 못합니다. 한 마디로 그들은 그저 감각적인 자들로 듣는 것만을 논하고 끊임없이 서로 반박함으로써 존재의 여부를 토론하는 가운데 어떤 결론에도 이르지 못하기 때문에 우리는 이들을 '추론가'라 부릅니다. 이들은 진리를 공격해 대는 것만을 좋아해서 서로 말다툼을 하다가 진리를 산산조각 내어 버립니다. 이들은 자신들이 세상에서 누구보다 학문이 높다고 믿고 있는 자들입니다."

이 말을 듣고 나서 나는 천사들에게 나를 그들에게 안내해 줄 것을 부탁했다. 그러자 천사들은 더 낮은 땅으로 내려가는 계단이 있는 동굴로 나를 데려갔다. 우리가 내려가 "오, 학문이 높은 이여!"라고 외치는 소리를 따라가 바라보니 수백 명이 한 곳에 서서 그들의 발로 땅을 구르고 있었다. 그런 광경을 보고 처음에는 놀라서 "저 사람들은 왜 저렇게 서서 바닥으로 땅을 구르지요?"라고 묻고 나서, "저러다가 땅에 구멍을 낼지도 모르겠군요."라고 말했다. 이 말을 듣고 천사들이 미소를 지으며 말했다. "저들은 저런 식으로 서 있는 것으로 보이는 겁니다. 이들은 존재하고 있는 어떤 것에 관해서는 생각하지 않고 존재의 여부만을 논쟁하기 때문이지요. 그래서 사고에 더 이상의 진전이 없기 때문에 앞으로 나아가지 못하고 터벅터벅 걸으며 한 줌의 흙덩어리를 갈아 대고 있는 것처럼 보이는 겁니다." 그러나 나는 그들을 향해 걸어갔다. 놀랍게도 그들은 단정한 용모에 점잖은 의복을 입고 있는 것으로 보였다. 그러나 천사들이 말했다. "이들 스스로의 빛 속에 이들은 그렇게 보이는 겁니다. 그러나 천국의 빛이 흘러들면 이들의 얼굴과 의복 역시 변합니다."라고 말했는데, 천사의 말 그대로 되었다. 천국의 빛이 흘러들자 그들은 거무스름한 용모에 검은색 상복을 입고 있는 모습이 되었다. 그러나 이 빛이 거두어지자 그들의 모습도 이전으로 되돌아왔다.

나는 곧 그들에게 말을 걸었다. "나는 여러분들이 '오, 학문이 높으신 분이여!'라고 외치는 소리를 들었습니다. 여러 방면으로 가장 깊은 학문의 주제들을 여러분과 함께 토론했으면 합니다." 그들은 "무엇이든 말씀해 보시지요. 만족스런 답변을 해드리지요."라고 말했다.

그래서 나는, "인간이 구원받는 종교는 어떤 종교이어야 합니까?"라고 물었다.

그들은, "우리는 그 질문을 여러 개로 나누어야 합니다. 우리가 그 질문에 대한 어떤 결론을 맺어야 답변을 드릴 수 있으니까요. 첫 번째 우리가 고려하여야 할 것은 종교가 (구원을 위한) 그 무엇이 될 수 있느냐의 여부입니다. 두 번째는, 구원이라는 것이 있느냐의 여부입니다. 세 번째는, 어떤 종교가 다른 종교보다 더 유력한지의 여부입니다. 네 번째는, 천국과 지옥이 있느냐, 없느냐의 문제입니다. 다섯 번째는 죽음 이후에 영생이 있느냐, 없느냐의 문제입니다. 외에도 다른 문제들이 있습니다."라고 대꾸했다.

나는 첫 번째 질문에 대하여 물어보았다. "종교라는 그 어떤 것이 있습니까? 없습니까?" 그러자 그들은 종교라는 것이 있는 것인지 그리고 종교라는 것이 그 어떤 것인지의 여부를 놓고 엄청난 논쟁을 벌이며 토론하기 시작했다. 그래서 나는 그들에게 회중(會衆)에게 그 문제를 물어볼 것을 부탁했고 그들은 내 말을 들어주었다. 그러자 이 명제는 너무 많은 연구를 요하므로 저녁 안으로 끝날 수 없다는 것이 공통된 답변이었다. 내가, "일 년 내에는 끝낼 수 있습니까?"라고 묻자 백 년 내에도 끝낼 수 없다고 누군가가 말했다.

나는, "그러고 있는 사이에 여러분은 종교가 없는 상태에 있는 셈이로군요,"라고 대꾸했다.

그러자 그가 대꾸했다. "먼저 종교가 있는 것인지, 그렇게 불리는 그 무엇이 있는지부터 밝혀져야만 되지 않겠습니까? 만일 있다면 그것은 지혜로운 자들의 것이어야 합니다. 없다면 그것은 평범한 사람들의 것이어야만 합니다. 종교는 일종의 구속이라 알려져 있는데 '누구를 위해서?'라는 질문을 받게 되지요. 평범한 사람들만을 위한 것이라면 그건 본질적으로 아무 것도 아닌 것이지요. 슬기로운 사람들을 위한 것이어야 뭔가가 되는 것이지요."

이 말을 듣고 나는 그들에게 말했다. "여러분은 결코 학식이 높은 분들이 아닙니다. 왜냐하면 여러분들은 어떤 것이 존재하는지의 여부만을 알 수 있어서 그것을 이리저리 곡해할 수 있을 뿐이기 때문입니다. 어떤 것을 확실히 알아서 그 점에서 인간으로서 한 걸음 앞으로 나아가 계속해서 지혜로 들어가지 않는다면 누가 학식이 높은 사람이 될 수 있습니까? 그렇지 않으면 여러분은 손가락 끝으로도 진리를 접하지 못하고 점점 더 진리를 외면해 버리게 됩니다. 어떤 것이 있는지, 없는지만을 추론하는 것은 써 보지 않은 모자나 신어 보지도 않은 신발에 대해 논쟁하는 것과 무엇이 다릅니까? 여러분들이 어떤 그 무엇이 존재하는지의 여부를 모르고 있다는 것 외에 거기에서 무엇이 생깁니까? 말하자면 여러분들이 첫 단계에 끝까지 달라붙어 그곳에서 모래를 구르고 있으면서 발걸음을 옮겨 앞으로 나아가지 않는다면 여러분은 구원의 존재 여부, 죽음 뒤의 영생의 여부, 천국과 지옥의 존재 여부와 같은 이런 것들에 대하여 그 어떤 것도 생각할 수 없습니다. 여러분들의 마음이 그런 식으로 첫 단계에 머물러 판단력을 벗어나지 않도록 하고 안으로 완고해져서 여러분들은 롯(Lot)의 아내의 친구들인 소금 동상이 되어가는 것입니다.”

이 말을 하고 내가 그곳에서 발길을 옮기자 그들은 분노하여 내 뒤로 돌을 던졌다. 그러자 그들은 내게 돌에 새겨진 형상으로 보였고 거기에 인간의 이성은 전혀 없어 보였다. 나는 천사들에게 그들의 운명에 대해 물어보았다. 그러자 천사들이 말했다. “저들의 운명은 깊은 곳으로 내려가 그곳의 사막으로 들어가 짐을 나르는 신세가 됩니다. 이성에 바탕을 둔 어떠한

것도 내놓지 못하고 무의미한 말들만 지껄여 댑니다. 멀리서
보면 그들은 짐을 짊어진 나귀처럼 보입니다."

나는 스베덴보리가 영계에서 소위 학자들의 운명을 보았는지의 여
부는 모르나, 그의 말들은 날카로운 비수처럼 나의 마음을 파고들었
다. 결국 학식이 높은 사람들은 짐을 진 나귀들인가?
스베덴보리의 영적 통찰력 모두가 이와 같지는 않다. 나는 하나의
예로서 이를 제시하고 있을 뿐이다. 예리한 독자라면 이 이야기가 비
논리적인 것으로만 보이는 논리를 지니고 있으며, 또는 불합리한 것
으로 여겨지는 것이 실제로는 상식 속에 많이 있어서 인간의 본성과
일상의 경험과 일치한다는 것을 지각할 것이다. 그 중요성에 대해서
라면 우리는 스베덴보리가 매우 뛰어난 유일한 비평가라고 말할 수
밖에 없다.
스베덴보리를 알고자 한다면 우리는 먼저 『천국과 지옥』을 알아야
한다. 그의 신학적인 교리나 그가 자신의 천적인 사명을 통해 인류에
게 전달하고자 했던 것들은 영계의 실재에 관심을 두고 있다. 필자는
이 문제에 대한 그의 주장 몇 가지를 인용해 보고자 한다.

천국에는 무한한 다양성이 있어서 정확하게 동일한 사회나
다른 천사들과 정확하게 똑같은 어떠한 천사도 없다. 천국에
는 일반적, 종류별, 그리고 세부적인 구분이 있다. 일반적으로
는 두 왕국으로 구분되고 종류별로는 세 천국으로 구분되고

—

세부적으로는 무수한 공동체로 구분된다. 앞으로 하나 하나를 자세히 살펴보기로 하겠다. 일반적인 구분은 왕국으로 구분되는 것으로 알려져 있다. 천국을 '하나님의 왕국'이라 부르기 때문이다. 주님으로부터 나오는 신성을 좀 더 내적으로 받아들이는 천사와 덜 내적으로 받아들이는 다른 천사들도 있다. 전자를 천적 천사라 하고 후자를 영적 천사라 한다. 이런 차이로 인해 천국은 두 왕국으로 나뉘어지며 하나는 천적 왕국, 다른 하나를 영적 왕국이라 한다.

천적 왕국을 구성하는 천사들은 좀 더 내적으로 신성을 받아들이므로 그들은 내적인 또는 좀 더 높은 천사로 불린다. 같은 이유로 이 천사들이 이루는 천국을 내적 또는 좀 더 높은 천국이라고 한다. 천국은 더 높은 천국, 또는 더 낮은 천국으로 불리는 바 이는 이 술어들이 내적인 것과 외적인 것을 가리키기 때문이다. 천적 왕국에 있는 천사(사람)들의 사랑을 천적 사랑이라 하며 영적인 왕국에 있는 천사(사람)들의 사랑을 영적 사랑이라고 한다. 천적인 사랑은 주님에 대한 사랑이며 영적인 사랑은 이웃을 향한 사랑이다. 모든 선이 사랑에 속하는 것처럼(누군가에 대한 사랑은 그가 사랑하는 바의 것이므로) 한 왕국에 속하는 선을 천적인 것이라 하고 다른 왕국에 속한 선을 영적인 선이라 한다. 그러므로 분명한 것은 두 왕국은, 주님에 대한 사랑의 선이 이웃을 향한 사랑의 선과 구분되는 것과 똑같은 식으로, 서로 구분된다. 그러므로 주님에 대한 사랑의 선이 내적인 선이고 그 선이 내적인 사랑인 것처럼 천적인 천사는 내적인 천사이고 더 높은 천사로 불리운다. (『천국과 지옥』, 20-23)

자연을 근본으로 생각하는 사람들은 천국에 빛이 있다는 것을 이해할 수 없다. 그러나 천국의 빛은 이 세상의 대낮의 빛보다 몇 배나 더 밝다. 나는 그 빛을 자주 보았는데 초저녁과 깊은 밤에도 보았다. 나는 처음에는 이 세상의 빛은 천국의 빛과 비교하면 그림자에 불과하다는 천사들의 말을 듣고 의아하게 생각했다. 그러나, 그 빛을 보고 난 뒤 나는 그러하다는 것을 입증할 수 있었다. 천국의 빛의 밝기와 광휘는 형언할 수 없는 그러한 것이다. 내가 천국에서 본 모든 것은 그 빛 속에서 본 것으로, 그럼으로 해서 이 세상의 사물보다 더욱 분명하고 또렷하게 볼 수 있었다. (『천국과 지옥』, 126)

그러나 경험상의 증거를 제시하는 것이 더 좋을 것이다. 내가 천사들과 얼굴을 맞대고 얘기할 때마다 나는 그들의 거처에 함께 있었다. 이들의 거처들은 지구에서 우리가 집이라고 하는 거처와 정확하게 똑같은데 좀 더 아름답다. 거처 안에는 방, 거실, 침실이 많이 있었고 또 안 마당과 정원과 화단, 그리고 화단을 둘러싼 잔디도 있었다. 천사들이 함께 사는 곳은 집들이 서로 가깝고 대로와 거리, 공공 광장이 있는 도시의 형태로 차례차례 정돈되어 지상의 도시와 똑같다. 나는 허락하심에 그곳들을 지나가며 모든 곳을 둘러보고 때로는 몇 집에 들어가 보기도 했다. 이런 일은 나의 내적 시각이 열렸을 때 일어났으며 나의 의식은 또렷하게 깨어 있었다. (『천국과 지옥』, 184)

나는 천국에서 형언할 수 없을 정도로 장엄한 궁전들을 보았다. 상부는 순금으로 된 듯 번쩍거렸고 하부는 보석으로 된 듯 번쩍거렸으며 일부는 다른 것들보다 더 화려했다. 내부도 똑같았다. 말이나 지식으로는 방들의 실내 장식을 설명하기에 적절치 않다. 남향으로 공원이 있었는데 그곳의 모든 것 역시 빛났고 어떤 곳에서는 잎들이 은으로 만든 듯 반짝였고 과일들은 금으로 만든 것 같았다. 화단의 꽃들은 그 색깔로 무지개를 이루고 있었다. 시야가 멎는 경계 너머에는 다른 궁전들이 보였다. 그러한 것이 예술 그 자체라고 말할 수 있는 천국의 구조이다. 예술 그 자체가 천국에서 비롯되기 때문에 경이로운 것이다. 천사들은 그러한 것들과 그 외의 더욱 완벽한 셀 수 없이 많은 다른 것들을 주님께서 그들의 눈앞에 나타내 보여 주신다고 말했다. 그러나 이런 것들은 그들의 눈보다 그들의 마음을 더 즐겁게 한다고 했다. 천사들은 보이는 것 하나하나의 안에서 상응을 보고 상응을 통해 신성(하나님의 본성)을 보기 때문이라는 것이었다. (『천국과 지옥』, 185)

—

천국과 지옥에 대하여 위의 구절들만으로 전체 저술을 판단하려고 할 경우 우리는 그릇 해석할 수도 있다. 필자가 여기에서 위 구절들을 인용하는 목적은 사자(死者)의 영역의 환경을 기록한 스베덴보리의 자세가 어떤 것이었는지를 나타내 보고자 함이다. 독자들께서는 이 점에 유의하여 소개한 구절들을 다시 살펴보아 주시기 바란다.

다음으로 지옥에 관하여 스베덴보리가 언급한 부분을 살펴보기로 하자.

한때 천국에 이르는 길과 지옥에 이르는 길이 내게 표상으로 나타났다. 왼쪽 즉 북쪽으로 난 넓은 길이 있었는데 많은 영들이 그 안으로 가고 있는 것이 보였다. 그러나 멀리 넓은 길이 끝나는 곳에 큰 돌 하나가 보였다. 그 돌이 있는 곳으로부터 길은 두 갈래로 갈라졌다. 한 쪽은 왼쪽으로, 그리고 또 한 쪽은 반대 방향인 오른쪽으로 갈라졌다. 왼쪽으로 난 길은 좁고 쭉 뻗어서 서쪽을 통해 남쪽으로 뻗어 있어 천국의 빛 쪽으로 들어가는 길이었다. 오른쪽으로 가는 길은 크고 넓었으며 지옥을 향해 비스듬하게 아래로 내려가는 길이었다. 사람들은 처음에는 큰 돌이 있는 갈래길 머리까지는 똑같은 길을 가고 있는 것으로 보였다. 그 지점에 이르자 그들은 갈라졌다. 선한 사람들은 왼쪽으로 돌아서서 천국으로 이어진 쭉 뻗은 길로 들어선 반면에 악한 사람들은 갈라진 곳의 돌을 보지 못해 그

위에 넘어져 상처를 입었다. 그들은 일어나 지옥으로 이르는 오른쪽으로 난 넓은 길로 달려갔다. (『천국과 지옥』, 534)

나는 또 허락하심에 지옥 안을 들여다보고 그 안에 무엇이 있는지도 보았다. 주님이 뜻하시면 영이나 위로부터 온 천사의 시각은 덮개로 덮여 있음에도 불구하고 지옥 가장 깊은 밑바닥까지 꿰뚫어서 지옥들의 특징을 자세히 살펴볼 수 있기 때문이다. 허락하심에 나는 이런 방법으로 안을 들여다 보았다. 어떤 지옥들은 안으로 들어가다가 비스듬히 또는 수직으로 아래로 뻗어 있어서 마치 심연에 이르는 동굴이나 바위굴 같아 보였다. 어떤 지옥들은 숲 속 맹수들의 굴이나 우리 같았고 또 일부는 광산의 동굴이나 통로 같았는데 그 동굴은 더 아래 지역으로 이어져 있었다. 대부분의 지옥은 세 층으로 되어 있다.

위층은 그 안이 흑암으로 보인다. 그곳의 거주자들이 악에서 비롯된 허위 안에 있기 때문이다. 더 낮은 층은 불타는 것처럼 보인다. 그 거주자들은 악 자체 안에 있기 때문이다. 흑암은 악에서 비롯된 허위에, 불은 악 자체에 상응한다. 내적으로 악하게 행동한 사람들은 더 깊은 지옥에 있고 외적으로 악하게 행동한 사람들 즉 악에서 나온 허위로 행동한 사람들은 덜 깊은 지옥에 있다. 어떤 지옥들은 큰 화재 뒤의 폐허나 도시 같이 보이고 그 안에 지옥적 영들이 숨어 살고 있다. 덜 악독한

—

지옥들에는 초라한 헛간 같은 것들이 보이고 골목과 거리를 끼고 그 헛간들이 시가지 형태로 줄지어 있는 곳도 있다.

그 집집마다 지옥적 영들이 끊임없는 말다툼과 적대시, 싸움과 폭행을 일삼고 있고 거리와 골목에는 강도와 강탈이 횡행한다. 또 어떤 지옥들은 온갖 더러움과 배설물로 가득한, 보기에도 역한 사창가 외에는 아무 것도 없다. 또 어두운 숲도 있다. 그 속에는 지옥적 영들이 맹수들처럼 돌아다니고 거리에 땅굴도 있어 남에게 쫓기는 영들이 도망쳐 들어간다. 모든 것이 메마르고 모래 뿐인 사막지대도 있다. 그중 어떤 곳은 여기저기 굴이 파진 암벽도 있고 어떤 곳에는 헛간들도 있다. 이 사막지대에는 지옥에서 온갖 극형을 받고 쫓겨난 영들, 특히 세상에서 의도적인 음모와 계책을 쓰는 데 있어 남보다 더 교활했던 사람들이 간다. 그러한 삶이 그들의 마지막 운명이다.

(『천국과 지옥』, 586)

스베덴보리의 영계에 대한 통찰을 바로 이해하려면 그의 표상, 상응, 등차, 그리고 입류와 같은 교리를 알아야 할 필요가 있다. 이 책에서는 그런 깊은 교리는 다루고 있지 않으므로 독자들은 『천국과 지옥』, 『하나님의 사랑과 지혜』 그리고 『하나님의 섭리』를 면밀히 공부해야만 한다. 그러나 여기에서 한 가지 언급해 두고자 하는 것은 스베덴보리의 천국과 지옥은 시간과 공간의 제약을 받지 않는다는 것이다. 천국과 지옥은 일종의 영적인 상태이기 때문이다. 그러므로 천국도, 지옥도 이 세상이 천국이나 지옥과 똑같은 곳은 아니지만 이 세상과 별개로 존재하는 것은 아니다. 아마도 우리는 그것들간의(지옥과 천국과 물질적인 세계) 관계는 동등한 것도 아니고 분리되어 있는 것도 아니라고 말해야만 될 것이다. 우리의 영적인 삶이 시간과 공간에 있어서 시작이 없고 또 천국과 지옥의 환경이 이러한 삶으로부터 생성된다는 점을 생각해 볼 때, 스베덴보리의 진술을 문자에 구애되어 받아들여서는 안 된다는 것이 분명하다. 이는 상응과 표상이라는 교리의 기본을 이룬다. 독자들은 경솔한 견해를 형성하지 말아야 한다. 스베덴보리의 교리 몇 가지를 논증하기 위해 그의 저서에서 뽑아낸 내용을 소개하기로 하겠다.

천국의 삶을 사는 것은 일부에서 믿고 있는 것처럼 그렇게 어렵지 않다는 것을 보여 주는 또 다른 사실이 있다. 어떤 것이 부정직하고 부당한 행위임을 알면서도 거기에 마음이 끌리는 일이 생길 때 단지 사람은 이것은 하나님의 계율에 위배되기 때문에 이렇게 할 수 없다고 생각하면 된다는 사실이다. 사람이 그렇게 생각하는 데에 익숙해지고 따라서 그렇게 생각하는 것이 습관화되면 그는 점차로 천국과 결합된다. 그리고 이런 일이 일어나면서 그의 마음의 높은 차원들이 열린다. 또 그것이 열리는 만큼 그는 부정직하고 부당한 것을 이해하게 되고 그런 악을 식별하는 정도만큼 그 악을 물리칠 수 있다. 사람은 알지 못하는 악은 물리칠 수 없기 때문이다. 사람이 이런 상태가 될 수 있는 것은 자유가 있기 때문이다.

어느 누가 자유롭지 않은 상태에서 그렇게 생각할 수 있겠는가? 사람이 시작을 하게 되면 주님은 그 사람 안의 선한 모든 것을 불러 일으키시어 그에게 악을 식별할 수 있는 능력뿐 아니라 악한 의지를 자제할 힘을 주시고 마침내 악에서 돌아서게 하신다. 이것이 "내 멍에는 쉽고 내 짐은 가볍다"(마태복음 11:30)라고 하신 주의 말씀이 의미하는 것이다. 그러나 여기에서 우리가 알아야 할 점은 사람이 의도적으로 악을 행하는 정도만큼 사람은 그 악에 익숙해져서 더 이상 그 악을 식별하지 못하게 되며 마침내 그 악을 사랑하게 되고 그 사랑이 주는 즐거움 때문에 악을 변명하며 온갖 그릇된 생각으로 그 악을 확증하고 그 악은 행해도 되는 것이며 선한 것이라고 단정하게 된다. 이것이 젊은 나이에 전혀 자제하지 않고 악에 빠져서 마음 속으로 하나님을 거부한 사람들의 운명이다. (『천국과 지옥』, 533)

자기사랑이 무엇인지는 천적인 사랑과 비교함으로써 이해될 수 있다. 천적인 사랑은 쓰임새를 위해 쓰임새를, 즉 선을 위해 선을 사랑하는 것으로 이루어진다. 이는 교회와 나라와 인간사회와 이웃 시민을 위하는 사람에 의해 행해진다. 이것이 하나님과 이웃을 사랑하는 것이다. 모든 쓰임새와 모든 선은 하나님으로부터 오는 것이며 우리가 사랑해야 할 이웃도 쓰임새와 선이기 때문이다. 그러나 자기 자신을 위해서 이러한 것들을(쓰임새와 선) 사랑하는 사람은 그런 것들이 자신에게만 쓸모 있는 것들이기 때문에 마치 하인처럼 사랑할 뿐이다. 따라서 교회와 나라와 인간사회와 이웃시민이 자기에게 봉사해야만 하고 자신은 봉사할 필요가 없다는 것이 자기사랑 안에 있는 자의 의지이다. 그는 자신을 이 모든 것들 위에 두고 모든 것들을 자신의 아래에 두기 때문이다. 그러므로 사람이 자기사랑 안에 있는 정도만큼 그는 스스로 천국의 사랑에서 멀어지므로 그만큼 자신을 천국으로부터 분리시키는 것이다. (『천국과 지옥』, 557)

자연계에서 형태를 갖는 모든 것들은 결과이며 영계에서 형태를 갖는 모든 것들은 이런 결과의 원인이다. 영계에서 그 원인을 이끌어내지 않는 자연계의 결과는 발생하지 않는다. (『하나님의 사랑과 지혜』, 134)

소위 철학에 몰두하면 몰두할수록 그 사람의 망상과 무지는 그만큼 더 커진다. 망상과 철학은 함께 간다. 이런 사실을 증명할 수 있는 경우는 많다. (『이사야서 주해』)

나는 경험에 의해 가르침을 받기도 했다. 천국에 있었을 때 나는 여기저기로 안내를 받으며 돌아다녔다. 내가 깨어 있을 때에도 그런 일은 벌어졌다. 세상적인 것들에 대한 생각으로 빠져들어가자 천국의 대저택에서 지각했던 것들이 즉시 사라져버렸다. 그러므로 생각을 세상으로 내려놓는 사람들은 천국에서 떨어져 내린다. (『영계일기』, 304)

그러나 내가 필요한 비용에 대해 걱정하는 경우와 같이 생각으로 세상적인 것들에 극도로 집착했을 때, 그래서 그것에 대해서 오늘 편지를 쓰고 그래서 내 마음이 한동안 거기에 지체되어 있었을 때 나는 사실상 육신의 상태로 떨어져 버려 영들과 대화를 나눌 수도 없었다. 영들 역시 나는 안중에도 없다는 듯 그들도 그러하다고 말했다. (『영계일기』, 1166)

자연계에서 사람의 말은 이중적이다. 그의 생각이 외면적인 것과 내면적인 것의 이중으로 되어 있기 때문이다. 사람은 내면적인 생각으로 말하면서 동시에 외면적인 생각으로 말할 수 있고 또 내면적인 생각이 아니라 외면적인 생각으로, 오히려 내면적인 생각과 상반되는 외면적인 생각으로 말할 수 있고 거기에서부터 거짓 꾸미기, 아부, 위선 등이 생기기 때문이다. 그러나 영계에서 사람의 말은 이중적이지 않다. 한 가지로만 말한다. 그곳에서 인간은 그가 생각하는 대로 말한다. 그렇지 않으면 말소리가 거칠고 귀에 거슬린다. 그러나 그는 침묵을 지킬 수도 있어서 자신의 마음 속의 생각을 밖으로 드러내지 않는다. 그러므로 위선자가 지혜로운 이들에게 오면 그는 멀리 가 버리거나 방구석으로 물러나 아무에게도 보이지 않게 움츠러들어서 조용히 앉아 있다. (『계시록풀이』, 294)

주님을 위하여 이웃을 사랑하는 것, 그러므로 주님과 함께 하고 주님을 근본으로 삼는 것, 이것이 종교이다. (『계시록풀이』, 484)

한 마디로 자기사랑과 세상사랑 모두가 주님사랑과 이웃사랑과 반대되는 것이다. 그러므로 자기사랑과 세상사랑은 지옥적인 사랑이다. 사실 그들은 지옥에서 군림하며 인간과 더불어 지옥을 이룬다. 그러나 주님사랑과 이웃사랑은 천적인 사랑으로 그들은 천국에서 군림하면서 인간과 더불어 천국을 이룬다. (『새 예루살렘과 그 천적인 교리』, 78)

다섯 부류의 사람들이 나의 책들을 읽는다. 첫 번째 부류는 처음부터 나의 책들을 거부한다. 완전히 다른 믿음을 지니고 있거나 어떤 믿음도 지니지 않고 있기 때문이다. 두 번째 부류의 사람들은 나의 말들을 세속적인 세상의 현상으로만 생각하고 자신들의 호기심을 만족시키기 위한 목적으로만 나의 책들을 읽는다. 세 번째 계층은 식별력 있는 지성으로 나의 책들을 읽으면서 다소 즐기기도 하지만 그 내용을 실제생활에 적용하

는 면에 있어서는 어떠한 진전의 기미도 찾아볼 수 없다. 네
번째 계층의 사람들은 믿음으로 받아들여서 그들의 삶이 어
느 정도 향상되어 나의 책들을 활용한다. 다섯째 부류의 사람
들은 기쁨으로 받아들여 그들의 실생활 속에서 확신을 얻는
다. (『영계일기』, 2955)

사랑은 영들의 합일이다. 사랑은 영적인 불이자 영적인 열이
다. 사람들의 가슴 속에는 살아 있는 영의 열이 있으며 이것을
느끼는 것이 사랑이다. 사랑의 힘은 없어지지 않는다. 그것은
열기와 같고 불과 같은 것이다.

사랑은 인간의 생명이다. 그러므로 사랑이 인간을 만든다.

위의 두 구절은 『결혼애』의 전반을 아우르는 것이다.

사람들의 인간성은 그들의 지성이 아니라 그들의 사랑과 의지에 놓
여 있다. 그러므로 그들의 지성이 제아무리 대단해도 사랑이 빈약하
면 그들은 사랑에 의해 다루어지게 될 것이다(이것이 스베덴보리의 주된
교리이다. 이 교리는 그의 저술 전반에 두루해 있다).

순진무구는 모든 선(善)의 본질이다. 따라서 선은 순진무구가
그 안을 채우고 있을 때에만이 선이다. 지혜가 생명에 속한 것

이고 따라서 선에 속하는 것처럼 지혜는 그것이 순진무구와 같이 할 때에만이 지혜이다. 사랑, 자비, 그리고 믿음 또한 그러하다. 그래서 순진무구하지 않은 사람은 그 누구도 천국에 들어갈 수 없다. (『결혼애』, 414)

2부

스베덴보리의
천국관과 타력신앙

스베덴보리의 천국관과 타력신앙

　스베덴보리의 종교적인 철학은 그 깊이를 헤아리기 어렵다. 그 뜻을 파악하기가 너무 어려워 그의 종교적인 철학을 학문적으로 연구한 사람은 거의 없다. 그러나 겉으로 보기에는 불합리해 보이는 그의 저술을 고요한 마음의 상태에서 주의 깊게 읽어 본다면 오히려 깨끗이 잊어버리기 어려운 것이 되어 버리는 수많은 요소들이 있음을 알게 된다. 특히 스베덴보리의『천국과 지옥』에는 심원하면서도 매력적인 내용들이 실려 있다. 그의 많은 저서 중에서 가장 널리 읽히는 책이『천국과 지옥』이다. 이전에 이 책을 일본어로 번역한 까닭에 이 책에 대한 나의 소회를 밝혀 보고자 한다. 사실 이 책은 그의 전체 저술을 놓고 볼 때 입문서에 불과하다.

　스베덴보리는 천국에 대한 아주 분명한 정의를 내리지는 않고 있다. 어떻게 받아들이느냐에 따라 천국은 죽음 이후의 상태로 생각할 수도 있고 지금 이대로의 이 세상이 천국이나 지옥이라 생각할 수도 있을 것이다. 사실, 천국에서 살고 있는 영들 중에서도 천국이 무엇인지 알고 있는 영들은 거의 없다. 이런 까닭에 우리와 같은 평범한 사람들에게 천국을 설명한다는 것은 불가능할지도 모르겠다.

어쨌든 우리는 천국을, 동등한 것도 아니고 분리된 것도 아닌 것 중의 하나인, 오감(五感)으로 이루어진 물질적인 세계와 관계가 있는 어떤 부류의 이상적인 영역으로 이해할 수 있다. 스베덴보리는 이 점을 설명하기 위해 '상태(狀態;state)'라는 단어를 사용하고 있다.

천국은 사랑이라는 선과 깨달음이라는 진리로 이루어진다. 선과 진리가 순진무구의 상태로 되돌아올 때 완벽한 천국이 드러난다. '거짓 없는 생각'이나 '순진무구'의 상태에 이르지 못하면 선이라 할지라도 하나님의 선이 아니고 진리도 하나님의 진리가 아니다. 이런 상태의 한 가지 상황이 아이들의 말과 행동에 반영된다. 그러나 어린 아이들의 순진무구한 본성은 정제되는 과정을 거치지 않은 것이어서 참된 순진무구의 상태라 할 수 없다.

순진무구의 근원을 말할 것 같으면, 우리가 우리 자신의 생각을 완전히 내버렸을 때 무의식적으로 우리의 내면의 생활로 와락 밀려 들어오는 것이 그 근원이다. 선을 행할 때 우리는 그것을 선이라 생각하지 않는다. 다른 사람들이 그 점을 논하면서 선이라 할 때 그 선은 자아에서 기인하는 어떤 것이 아니라 하나님에게서 기인하는 것이다. 자력신앙의 결과로 발생하는 것은 아무 것도 없다. 모든 것은 스스로에게 하나님의 힘이 더해져야 이루어진다.

"순진무구의 상태에 있는 사람들은 어떠한 선도 그들 자신의 것으로 돌리지 않고 모든 것들을 받아들인 것으로 간주하여 그 모든 것을 주님께로 돌린다. 그래서 스스로가 아니라 주님의 인도를 받기를 원한다. 가장 높은 곳의 모든 천사들은 이런 순진무구의 깨끗함 속에서 살고 있다. 그 깨끗함의 등차가 낮으면 천국에서의 천사의 지위 또한 자연스럽게 떨어진다. 순진무구라는 특성은 사실상 천국의 조직의 바탕을 이루는 근본적인 원리이다.

천국은 순진무구에 그 근원을 두고 있는 까닭에 천국에 계시는 하나님 역시 순진무구하시다는 것은 자명한 진리이다. 스베덴보리는 이따금 천사들과 이야기를 나누고 그들에게서 들은 것을 설명하기도 했다. 순진무구는 모든 선의 본질이고 선은 순진무구함을 그 내부에 지니고 있을 때만이 진실한 선이다. 우리가 지혜라 하는 것도 그것이 이 순진무구에서 생길 때에만이 지혜이며, 사랑, 자비, 그리고 믿음 또한 그러하다. 그러므로 순진무구하지 않은 사람들은 천국에 들어갈 수 없다. 주님께서는 이 의미를 다음과 같이 표현하셨다. "어린아이들이 내게 오는 것을 용납하고 금하지 말라. 하나님의 나라가 이런 자의 것이니라. 내가 진실로 너희에게 이르노니 누구든지 하나님의 나라는 어린아이와 같이 받들지 않는 자는 결단코 들어가지 못하리라."(마가복음 10:14; 누가복음 18:16) 여기에서 언급된 어린아이는 순진무구를 의미한다. 스베덴보리에 의하면 성서는 이와 같은 많은 상징들로 구성되어 있다고 한다. 그러한 상징들의 숨어 있는 의미를 알게 되면서, 스베덴보리는 여러 권의 다른 저술들을 집필했다. 이렇게 알게 된 것은 그 자신의 마음으로부터 온 그 무엇이 아니었다. 그는 직접 천국으로 들어가 하나님으로부터 숨어 있는 의미가 흘러나오는 대로 그것을 체험했던 것이다. 스베덴보리의 상징적인 철학은 상

—

응이라는 원리를 그 토대로 하고 있다. 이 원리는 그의 철학의 주요한 원리들 중의 하나이므로, 스베덴보리를 이해하려면 상응에 대하여 확실하게 알아야만 한다. 나는 상응이라는 원리가, 애초에 "하나님께서 자기 형상 그대로 사람을 지으시니"(창세기 1:27)라는 성서의 개념에서 나온 것으로 믿고 있다.

사랑에 속하는 완벽한 선과 지혜에 속하는 완벽한 진리가 결여된 사람들은 천국의 숨어 있는 의지를 이해할 수 없다. 사람들은 내적인 것과 외적인 것을 동시에 지니고 있다. 사람들은 이 두 가지를 적절히 상응시킬 줄 모르기 때문에 천국의 의지를 이해할 수 없다. 그러나 그것을 이해할 수 있는 한 가지 방법은 감각적인 이 세계의 현상을 오감을 통해 전해지는 것을 그대로 지각하는 것이다. 이 모든 현상은 함축된 의미를 내포하고 있다. 까마귀나 참새가 지저귀는 소리는 단순히 지저귀는 소리가 아니다. 그 속에는 천국의 함축된 의미와 지옥의 함축된 의미가 들어 있다. 이런 류의 해석은 상응의 원리에 의한 것이다. 그러므로 사람들이 이 땅에 있을 동안에는 그들의 내적인 열중의 본질에 따라 자유롭게 그들의 천국과의 상응을 표출시킬 수 있다. 말하자면 이 고통스런 세계가 적광정토(寂光淨土;Pure Land of Tranquil Light)로 생각될 수도 있다는 것이다. 상응의 원리를 이해하는 사람들은 중요한 의미를 지니는 천국을 한가로이 거닌다. 사실상, 천국은 이러한 의미만으로 이루어져 있다. 천국은 순수한 사람과 순수한 진리로 다스려지는 곳이다. 사랑은 따뜻한 온기이며 인간의 심장에 상응된다. 진리는 빛으로 인간의 폐에 상응된다. 흉부에 자리잡고 있는 심

—

145

장과 폐는 다른 기관들과 구분된다. 사랑이 약동하기 시작하면 심장이 두근거리면서 열이 방출된다. 진리가 빛을 발할 때면 호흡이 조절되고 침묵이 흐르게 된다.

적광적토: 부처가 사는 곳, 중생이 해탈하여 구극(究極)의 깨달음에 이른 경계(境界)

그러나 열이 없으면 빛도 없으므로 빛은 부차적인 중요성을 지닌다. 빛이 없어도 열은 있으므로 열이 근본적인 원리이다. 어두움 속의 열은 지옥의 불이다. 모든 고통은 이 불에서 나온다. 빛이 있는 열은 우주에 봄이 오게 한다. 그래서 천국에서는 항상 봄과 같은 느낌이 든다. 여기에서 우리는 상응이라는 진리를 이해하게 된다. 완벽한 사랑과 지혜의 합일이 개별적인 사람이다. 그래서 천국의 모든 것은 개인의 외양으로 스스로를 나타내 보인다. 사람의 본래 모습의 완벽한 실현은 신성한 선과 신성한 진리의 영역에서만 볼 수 있다. 현대 철학가 중에는 다음과 같이 말하는 사람도 있다.

"하나님은 완벽한 개인이다. 인간의 의식은 아무리 노력해도 그 개인의 희유함을 이해할 수 없다. 항상 그 희유함을 이해하고자 애를 쓰지만 이러한 열망은 하나님이 임하시면서 최초로 만족을 얻는다. 이러한 열망이 존재하는 이유는 하나님이 개별적인 인간으로 화현하시기 때문일 뿐이다." 이 말에서 스베덴보리의 흔적을 볼 수는 없을까?

상응이라는 원리는 심오하다. 불교의 관점에서 상응은 현상(現象) 그대로를 절대 진리로 받아들이는 진언종의 교리와 비슷하다. 우리는 상응이라는 교리에 따라 정토종의 개념을 해석할 수도 있다. 모든 현상은 장애 없이 상호 융통한다고 말은 하지만 지옥과 낙원을 동일시할 수는 없다. 정토종이 함축하고 있는 의미를 괴로움으로 가득한 이 세계에서 찾는다고 말할 수는 없겠지만 지옥, 지옥이 되는 것은 낙원이 아니다. 그래서 관세음보살, 아미타불, 약사여래, 그리고 8백만 명의 신들이 똑같이 존재한다. 상응의 원리는 인간의 의식과 분리될 수 없다. 나는 상응이라는 교리의 관점에서 볼 때 수인(手印;mudra)과 같은 그러한 것들에 대한 진언종의 교리가 매우 흥미로운 방식으로 해석될 수 있다고 믿고 있다. 만일 스베덴보리가 기독교의 천국과 함께 하지 않고 불교 철학에 정통했더라면 어떤 종류의 '숨겨진 의지'를 찾아냈을까? 나는 이런 종류의 고찰은 몰두해 볼 가치가 있다고 생각한다.

진언종: 불교의 밀교(密敎)가운데 하나. 밀교는 비밀한 가르침이란 뜻으로 문자나 언어로 표현된 현교(顯敎)를 초월한 가장 심원한 가르침을 말한다.
정토종: 대승불교에 속하며 오늘날 동아시아에 널리 유포되어 있다. 아미타불의 이름을 부르기만 하면 아미타불의 정토에 태어나게 된다고 믿는다.
관세음보살: 불교에서 구원을 요청하는 자들의 수준에 따라 33가지의 모습으로 나타나 대자비심을 베푸는 보살.

아미타불: 서방(西方)의 정토에 머물면서 중생을 극락으로 이끄는 부처. 아미타불을 믿고 그 이름을 부르는 사람들은 모두 정토에 태어나 복을 누리며 산다는 믿음을 근본으로 삼는다. 아미타불의 산스크리트 원어인 아미타유스는 무량수(無量壽), 무량광(無量光)의 의미를 지닌다.

약사여래(藥師如來): 불교에서 중생의 모든 병을 고쳐주는 부처.

수인(手印;mudra): 부처가 내자증(內自證)의 덕을 표시하기 위해 손가락으로 여러 가지 모양을 만드는 표상(表象)이다.

앞에서, 나는 천국의 본질은 순진무구이고 이러한 순진무구는 보통의 지식으로는 성취될 수 없고 지식을 초월한 완전한 깨달음을 통해서만 이를 수 있다고 언급한 바 있다. 내가 깨달음이라 칭하고 있는 것은 천국에 계신 주 하나님과 분리되어 자주적으로는 선(善)을 성취할 수 없다는 우리의 지각(知覺;perception)이다. 이런 지각이 결여되어 있으면 순진무구에 이를 수 없다.

천국은 순진무구에서 유래하는 까닭에 천국의 반대인 지옥은 순진무구하지 못함을 의미하게 될 것이다. 달리 말하면 타력신앙에 의존치 않고 자력신앙을 믿는 사람은 항상 지옥에 떨어지게 된다. 우리 자아(ego)의 목적이 갑작스레 발생하면 우리는 화살처럼 지옥에 떨어진다. 스베덴보리에 의하면 자아의 목적은 자기사랑과 세상적인 사랑이다. 지옥의 천장이 열리면 맹렬한 불꽃과 연기가 솟구쳐 오르는 것을 보게 되는 바, 이는 이들 두 가지 사랑의 화염으로부터 생기는 것이다. 육신의 형태로 지옥에 있는 사람들은 이러한 화염에 의해 완전히 소멸되어 버린다. 앞에서 말한 것처럼 천국에도 열이, 하나님의 사랑의 열이 있다. 그러나 이 열은 봄의 온기와 같아서 일단 이 온기가 지옥의 화염 속으로 흘러 들어가면 화염은 서늘해지고 다시 극도로 차가워진다. 천국의 열은 이처럼 불가사의하게 작용한다. 하나님의 저 깊은 곳에서 흘러나오는 것은 인간의 지각으로는 판단할 수 없는 힘이다. 스베덴보리는 주님의 허락하심에 지옥을 목격했다. 다음은 그의 목격담의 일부이다.

지옥은 도처에 널려 있다. 지옥으로 들어가는 문도 도처에 열려 있다. 안을 들여다 보면 아스팔트처럼 새까맣다. 그러나 지옥 안에 살고 있는 사람들은 그것을 밝다고 생각한다. 이는 그들이 그 정도의 빛에 적응해 있기 때문이다. 동굴의 입구는 처음에는 안쪽으로 펼쳐지다가 비스듬하게 뒤틀어진다. 어떤 사람들은 바닥이 없는 것 같은 굴 속으로 뛰어내린다. 마치 야수의 동굴처럼 보인다. 이 곳에 살고 있는 영들은 끊임없이 다투고, 적대시하고, 싸우고, 야만스러운 작태에 몰두한다. 불에 그을린 도시에는 도둑과 강도 떼가 활보한다. 어떤 지옥은 온갖 오물과 배설물로 뒤덮인 채 매춘부밖에 없다. 다시 영들이 야수처럼 배회하는 우거진 삼림이 있는가 하면 지하에는 쫓고 쫓기는 자들이 있는 동굴이 있기도 하다. 모래 밖에 없는 황무지인 지옥도 있다. 그런 곳까지 도망치는 자들도 있다. 특히 이 세상에 살던 동안에 음모와 사기를 도모하던 자들은 사막으로 내몰려 그곳에서 한 평생을 보내야만 한다.

나는 천국과 지옥의 본질에 대하여 스베덴보리만큼 상세하게 기록한 사람은 아무도 없다고 생각한다. 단테는 그의 예술을 능숙하게 활용하여 중세 신앙의 대표적인 인물로 인정받아야 하겠지만 스베덴보리는 과학으로 벼리어진 지적인 재능과 자신의 놀라운 상상력과 통찰력으로 철저하게 영적인 세계를 기술했다. 처음에는 그의 책들이 우스워 보일 수도 있지만 계속 읽어가다 보면 저절로 책 속으로 끌려들어가게 된다. 공상 같은 부분도 많지만 많은 진실이 포함되어 있음 또한 의심의 여지가 없다.

스베덴보리는 천국은 주님을 향한 사랑과 신성에 대한 지식에서 생기는 것이라고 말했다. 지옥은 거꾸로 자기사랑과 세상적인 사랑을 통해 그리고 이들 두 가지 사랑의 의식을 통해 실감하게 된다. 천국과 지옥은 정반대의 양 극단을 이른다. 이 양극단을 인정한 스베덴보리는 인간을 두 극단의 중간으로 보았다. 자기사랑은 다른 사람들의 즐거움을 약탈하여 그것을 자신에게로만 끌어들이는 것을 의미한다. 세상적인 사랑은 다른 사람들의 소유물을 자신의 것으로 만들고자 하는 욕망이다. 이런 부류의 사랑 한 가운데에 있는 사람은 그들 자신의 즐거움을 남들과 함께 나누려 할 수도 있지만 그런 동기의 초점은 여전히 그들 자신인 까닭에 그들은 즐거움을 증대시키는 것이 아니라 오히려 감소시킨다. 스베덴보리는 영계에서 이 점을 직접 경험했다고 말했다. 스베덴보리는 종교에 몰두하기 이전에는 저명한 과학자였으므로 추상적인 설명은 하지 않았다.

단테: 이탈리아의 가장 위대한 시인. 서유럽 문화의 거장. 인간의 속세와 운명을 그리스도교적 시각으로 그려낸『신곡』으로 유명하다.

그는 그 자신의 관찰을 통해 가르침을 폈다. 그러므로 영계에서 그는 아주 심한 이기주의자가 천국사회에 접근했을 때 그 사회의 천사들의 즐거움의 수준이 쇠퇴한다는 것을 알 수 있었다. 스베덴보리는 이러한 쇠퇴의 정도가 지옥에 있는 존재들이 느끼는 자기 사랑의 강도에 비례한다고 말했다. 스베덴보리는 실제의 경험을 설명할 때 논증이나 사색이라는 방법을 통해 설명하지 않고 과학자의 자세로 설명했다. 이런 점에서 그는 유일한 세계관을 지닌 인물이었다.

천국은 주님 사랑이고 지옥은 자기사랑이며 우리들 인간은 그 중간에 있다. 우리는 스스로 우리의 운명을 결정해야만 한다. 스베덴보리는 이러한 자유를 균형이라 칭했다. 나는 그가 '균형'이라는 단어를 선택한 것이 그가 과학자였다는 점을 입증하고 있다는 점에서 매우 흥미로움을 느끼고 있다. 어떠한 경우에서든 우리는 자유로우므로 우리가 좋아하는 대로 천국의 사랑을 향해 갈 수도 있고 지옥의 사랑을 향해 갈 수도 있다. 자유가 없으면 자신의 사랑에 따라 행동할 수 없다. 내적인 것에서 흘러나오는 사랑은 주님에게서 기인하는 것이지만 이런 사랑을 바탕으로 행동하지 않는다면 결코 진실한 생활에 이

—

르지 못한다. 외적인 것은 기억에서 오는 것이므로 외적인 것들은 생각을 통해서만 작용한다. 그러므로 이런 관념적인 삶은 사람들을 구원할 수 없다. 모든 경우에 있어서 내적인 의지를 드러내는 것이 중요하다. 그래야 천국과의 상응이 발생할 수 있기 때문이다.

스베덴보리의 설명에 의하면 사람이 여는 두 개의 문이 있다고 한다. 하나는 지옥에 이르는 문이고 다른 하나는 천국에 이르는 문이다. 악과 허위는 한 쪽 방향에서 흘러나오고 선과 진리는 다른 방향으로부터 흘러나온다. 악한 사람들은 지옥으로 향한 문을 활짝 열어젖히고 멋대로 그 입류를 받아들인다. 천국으로 향한 문으로 말할 것 같으면 몇 줄기 빛이 위의 갈라진 틈을 통해 희미하게 새어 들어온다. 악한 사람들도 사고, 철학적인 논증, 언어적 표현이라는 재능들을 소유하고 있다는 사실은 이 빛의 힘에 기인한다.

그러나 그들은 이러한 재능들이 천국으로부터 온다는 것을 인정하지 않고 그러한 재능들이 그들 자신의 이성적인 마음의 소유물이라 생각한다. 이런 까닭에 이러한 이성적인 마음은 지옥을 향한 사랑이다. 그들의 모든 생각은 이런 사랑으로 더럽혀져 어둠 속에 갇혀 있다. 그러나 그들은 자신들이 빛 속에 있다고 상상한다. 스베덴보리는 이런 부류의 사람들의 내면으로 들어가 그 내면을 관찰했다. 지옥문의 입구에 서서 그들은 새어 나오는 더럽고 고약한 냄새—욕지기와 현기증을 유발하는 악취—를 맡고 유쾌하게 웃으면서 그 냄새를 즐긴다. 어쩌다가 우연히 이들이 천국의 호흡을 느끼면 이들은 내적인 고통을 견디지 못하고 "이 무슨 고통이야!"라고 소리를 질러댄다.

—

인간의 관점에서 보면 이는 자유로운 본성의 현시(顯示)이다. 그러나 인간에게 자유라는 감각을 허용한 하나님의 의지는 이 자유를 기반으로 그들의 의지작용을 통해 사람들의 구원을 확립하려고 한다. 사실, 천국으로 가고자 하는 사람들의 열망은 하나님의 의지이거나 타력의 작용이다. 다시, 천국에 다시 태어나고자 하는 이런 의도를 지니는 것은 하나님의 의지라는 타력이 없이는 불가능하다. 그러나 자유라는 관점에서 보면 모든 것이 인간의 자력의 결과인 것처럼 보인다. 사람들이 자율적인 의지의 논거를 인지해야만 하는 이유는 그들이 인지하지 못한다면, 그들은 악과 허위에 대하여 생각할 수도 또는 의도할 수도 없기 때문이다. 생각하는 의식(意識)은 이 자유를 위한 조건으로 선과 진리를 향한 내적인 것이 밖으로 드러나게 해준다. 타력을 통한 구원이라는 교리에도 불구하고 먼저 업(業:karma)의 결과와 우리의 악한 열정의 깊이를 인정하지 않는다면, 타력도 전혀 도움이 될 수 없다. 듣는 것의 가능성은 자유로운 의식에서 비롯된다.

　타력에 의해 허용되는 자유와 이성을 통해, 불교도는 자신들의 죄를 인정하고 낙원에 다시 태어나는 반면에 기독교인은 회개하고 부활을 한다. 회개해야 할 필요성은 우리가 원래 타락의 상태에 있었다는 사실에서 오는 것이다. 우리의 생명은 한편으로는 천국의 열과 빛의 자양분을 받지만 다른 한편으로는 자기사랑과 세상적 사랑의 힘을 받기도 한다. 이들 두 가지 사랑을 통해 하나님의 선과 하나님의 지혜가 억제된다. 여러 가지 거짓과 악에 막혀서 우리는 앞으로 나아가는 것을 잊어버린다. 우리는 성서의 말씀에 의해 이런 상태에서 깨어나고 불교에서는 시방세계(十方世界)에서 들려오는 아미타불의 명호(名號)에 의해 이런 상태에서 깨어난다. 자유와 이성이 지옥의 사랑에 끌리지 않고 천국의 태양을 향해 돌아서면—말하자면 하나님의 주요한 방향—하나님의 사랑과 빛은 그 사람의 내면으로 넘쳐날 정도로 흘러들어 간다. 여기에 거듭남의 실체가 존재한다.

이러한 거듭남은 천국의 기쁨을 수반한다. 처음에는 우리는 이 기쁨을 무언가 자연스러운 것으로 생각하고 그 기쁨이 하나님에게서 비롯된 것임을 인정치 않는다. 그러나 끝내는 인정의 순간이 오고 이 순간이야말로 완전한 깨달음인 것이다. 우리는 여러 가지 선과 진리는 하나님의 타력에서 비롯되는 것이고 자주적인 자력의 의식은 자기 사랑의 흔적으로 특징지어지는 맹목적인 사고로부터 온다는 것을 깨닫게 된다. 이러한 깨달음이라는 진리가 없으면 진실한 거듭남도 없다. 이런 진리와 하나님의 사랑의 완벽한 결합이 인간들로 하여금 영적인 삶을 살 수 있게 해준다. 이는 우리가 내적인 삶을 살고 있는 순간이라 말할 수 있다.

악한 사람들 역시 이성을 통해 무엇이 선한 것인지 식별할 수 있다. 그러나, 그 선이 그들의 삶 속으로 들어가지 않았기 때문에 그들의 내면은 거듭남의 빛을 받지 못하고 그들은 하나님에게 등을 돌리는 것이다. 스베덴보리가 영계에서 이런 광경을 목격했기 때문에 이는 진실임에 틀림없다. 여기에서 두 사람 간의 대화를 상상해 보자. 두 사람은 매우 친밀해 보여서 그들의 대화에 귀를 기울여 보면 그들의 내적인 사랑을 식별할 수 있는 듯한 느낌이 든다. 그러나 스베덴보리의

—

통찰력이라는 관점에서 보면 이 두 사람은 등을 맞대고 서서 그들의 내면의 가슴에서 솟아오르는 사랑의 파도는 그 색깔이 검다. 그들은 마치 서로 충돌하고 있는 것처럼 보인다. 이 세상의 내적인 것과 외적인 것은 이런 식으로 분리되어 있어서 그 결과 영적인 이성의 행위는 분명치 않다.

> 업(業;karma): 불교의 근본 교리 가운데 하나. 몸과 입과 뜻으로 짓는 말과 동작과 생각. 그리고 그 인과(因果)를 의미한다.
> 시방세계(十方世界): 불교에서 시간과 공간을 가리키는 말. 시방은 동서남 북과 동남 서남, 동북. 동서의 간방 그리고 상하(上下)의 방향을 가리킨다.

그러나 우리가 내적인 세계로 들어가면 모든 것이 훤히 드러난다. 성서에는, "숨은 것이 장차 드러나지 아니할 것이 없고 감춘 것이 장차 알려지고 나타나지 않을 것이 없느니라"(누가복음 8:17)라는 말씀이 있다. 이 점을 상기하면 모든 것이 자명한 진리라고 스베덴보리는 말하고 있다. 이것이 다시 타력의 힘이다.

스베덴보리에 대하여 쓰고 싶은 것이 많지만 다른 날들을 기약해 두기로 하겠다. 스베덴보리는 1772년에, 그러니까 155년 전에 영국에서 영면한 스웨덴인이다. 55세까지는 과학자였으며, 나머지 29년 동안에는 신학에 전념했다. 84세 되던 해에 그는 자신의 임종을 예언하고 그에 따라 천국으로 돌아갔다.

3부

불교도의
관점에서 본
스베덴보리의 다르마

불교도의 관점에서 본 스베덴보리의 다르마

데이빗 로이(David Loy)

이전에는 칼 헤르만 베털링이라는 이름으로 스베덴보리교회의 목사를 하던 사람이 스스로 필랑기 다사(Philangi Dasa)라는 이름으로 개명을 하고 1887년 1월에 미국에서 최초로 불교잡지를 발행하기 시작했다. 『불광(佛光): The Buddhist Ray』이라는 이름의 이 잡지의 창간호는 캘리포니아주 산타 크루즈의 산속에 있는 그의 오두막에서 편집되었다. 전반적으로 불교를 다루는 가운데 세부적으로 스베덴보리에게 있어서의 불교적 측면을 다루어 보고자 한 것이 이 잡지의 주된 목적이었다. 이 잡지의 첫 페이지에는 "몽고인 불교도가 스베덴보리에게 전해 주어서 스베덴보리가 자신의 신비주의적인 저술에서 발표한 (불교)교리를 선보일 것"이라는 독자에 대한 안내문이 실려 있었다. 이 내용이 암시하듯 필랑기 다사는 (이런 내용의 공론화로 인해 야기될) 논쟁을 두려워하지 않았다. 이 잡지는 학문적인 결점에도 불구하고 무미건조한 것만은 아니었다. "독선적인 확신으로 자신의 비전통적인 견해를 토로하면서 정기적으로 독자들의 비위를 거슬리게 했지만 그의 거리낌없는 솔직한 성실성으로『불광』은 가장 신선한 불교 잡지의 하나가 되었다."

같은 해에 필랑기 다사는『불교도로서의 스베덴보리』와『순수한 스베덴보리주의, 그 비밀과 티벳 원전』을 발행했다. 조지 도울 목사는 "들어보지 못했던 낯선 내용이지만 불가사의할 정도로 관심을 끌어들이는 점이 없지는 않은 책"이라는 재치 있는 평을 내어놓았다. 322페이지 분량의 환상같은 내용의 이 책은 스베덴보리 자신, 불교 승려, 브라만 승려들, 파르시 교도, 한 명의 중국인, 아즈텍 사람, 아이슬란드인, 그리고 한 명의 여인이 서로 대화를 나누는 형식을 취하고 있다. 그 결과는 여러 나라에 바탕을 둔 신화와 종교적인 믿음의 온건한 신지학적(神智學的) 합성물로 나타났다. 그의 시대에 그가 이용할 수 있었던 원전과 그 배경으로부터 우리가 기대했던 바와 같이 필랑기 다사는 불교보다 스베덴보리에 대해 더 많은 것을 알고 있었다. 스베덴보리가 정말로 불교도였다는 것을 보여주려 했던 그의 표면상의 목적은 다른 관심사로 인해 무색해져 버렸다. 그는 불교를 이용해 스베덴보리주의의 결점들을 드러내 보이고자 했던 것이다. 그러나 그 어조는 낙담한 연인의 그것이었다.

나로서는 스베덴보리에 의해 마음의 틀이 많이 잡혀 있지만 전반적으로 아시아의 영적인 가르침에 정통하지 않은 사람이나 특히 불교 교리에 정통하지 않은 사람에게 그의 신학 저술들을 쥐어 주느니 차라리 환자의 손에 면도칼을 쥐어 주겠다. 왜냐하면 그 사람은 스베덴보리의 책들을 끌어안고 '새교회'계(界)의 많은 사람들과 더불어 의혹과 절망 속에 죽어갈 수도 있기 때문이다.

필랑기 다사의 잡지와 책들은 잊혀진 지 오래 되었지만 스베덴보리와 불교의 유사점을 언급한 사람은 그만이 아니었다. 몇 년 뒤 일본 태생의 D.T 스즈키는 일리노이스 주에서 폴 카루스와 함께 일하고 있던 동안에(1897~1908) 스베덴보리를 알게 되었다. 앤드류 베른슈타인이 이 책의 영문판 서문에서 소개한 것처럼 스베덴보리에 대한 스즈키의 관심은 스즈키가 스베덴보리의 저술 네 권을 일본어로 번역하고 스웨덴 선각자의 자서전과 개관을 집필하던 5년 동안에(1910~1915) 특히 강렬했다. 그 후 한참 뒤인 1924년에 스즈키는 스베덴보리의 상응이라는 교리가, 눈 앞에 전개되는 제반 현상은 비로자나불의 끊임없는 가르침이 밖으로 드러난 외현(外現)이라는 불교의 진언종에 비교될 수 있다고 주장하는 9페이지짜리 논문을 발표했다. 스즈키는 마지막 구절에서, "아직 스베덴보리에 대하여 쓰고 싶은 것이 많지만 후일을 기약하기로 한다."라고 했지만 유감스럽게도 그 후일은 오지 않았다.

파르시: 인도에서 이란의 예언자 짜라투스트리를 추종하는 사람.

비로자나불: 현상계(現象界)에 나타난 부처님의 원래 모습인 진리 그 자체를 상징하는 부처. 따라서 사람의 육안으로는 볼 수 없는 광명의 부처이다.

스즈키는 그 뒤로도 15년 동안 계속해서 저술을 했지만 스베덴보리에 대한 집필은 이 논문을 끝으로 더 이상 계속되지 않았다. 그의 대부분의 책들은(모두 20,000여 페이지) 그의 중년 이후에 발행되었다.

기묘한 것은 그의 만년의 불교 저술에서 에크하르트와 같은 기독교 신비주의자를 포함한 많은 서구 집필가들을 언급하거나 때로는 상세히 논하고 있으면서도 스베덴보리에 대한 언급은 거의 없다는 점이다. 그의 많은 저술 속에서 스베덴보리의 존재감이 그렇게 적은 이유는 분명치 않지만 어떤 불만에 기인한 것은 아니었음이 분명하다. 스베덴보리에 대한 스즈키의 공개된 언급은 모두 긍정적이다. 그는 또 대화에서도 스베덴보리에 대해 언급하는 것을 좋아했다. 1950년대 말 무렵 그의 개인 비서였던 미호코 벡쿠에 의하면 어떤 질문에 답하면서, "글쎄, 스베덴보리는 말했지요…"라는 식으로 가끔씩 스베덴보리를 언급했다고 한다. 그래서 우리가, 스즈키가 스베덴보리를 접한 후 그의 삶이 향하고자 했던 방향을 생각할 때 스베덴보리의 개인적인 모범이―자신의 영적인 통찰을 기록하는 과제에 대한 스베덴보리의 성실하고 겸손한 헌신적 자세―스즈키에게 어떤 중요한 전형으로 작용했을 수도 있다는 것을 암시하는 것은 아닐까?

스즈키의 번역이 일본의 스베덴보리주의 발전에 얼마나 유력한 것이었는지는 모르지만 불교와 스베덴보리간의 대화에 대한 그의 기여는 도사의 경우처럼 잊혀져 버린 듯하다.

그러함에도 불구하고 그들의 통찰은 잘못된 것이 아니었다. 스베덴보리의 저술과 불교의 교리 사이에는 사실 매우 강력한 유사점들이 있다. 오늘날 우리는 그러한 유사점들을 좀 더 충분하게 인식할 수 있는 시점에 이르러 있다. 최근 불교와 기독교간의 대화는 현재의 종교적인 사고에서 중요한 발전을 이루었지만 필자가 알고 있는 한 이 대화는 스베덴보리를 간과해 오고 있다. 이 글의 목적은 스베덴보리와 불교의 좀 더 중요한 유사점들을 언급하고 우리들에게 미치는 그 의미를 깊이 생각해 보고자 하는 것이다. 스베덴보리가 활동하던 당시의 유럽에서는 믿을 만한 불교 교리나 교리서가 없었기 때문에 이들 유사점들은 한층 더 흥미롭다.

스베덴보리의 가장 잘 알려진 책이자 그의 방대한 저술을 가장 잘 요약한 책이라 할 수 있는 『천국과 지옥』에 초점을 맞추는 방향으로 그의 견해를 제시해 보고자 한다. 여러 가지 불교전승을 언급하고자 하는 까닭에 불교 쪽의 인용은 좀 더 광범위할 것이다.

자아의 개념(The Concept of the Self)

논의될 첫 번째 유사성은 가장 기본적인 것이기도 하다. 『천국과 지옥』은 인간과 죽음 이후의 존재에 대한 통찰을 제시하고 있으나 이는 모든 것을 설명할 것을 명시하고 있는 가장 중대한 (사건의 전말과 경험담을 정리한) 이야기에 대해 우리 시대의 포스트모더니스트가 품고 있는 의심과 뚜렷하게 대비되는 것이다. 스베덴보리의 이야기보다 더 중요하거나 중요할 수 있는 이야기는 없다. 그러나 불교의 무아(無我;no self)라는 교리처럼 그의 통찰이 존재론적인(ontological) 자아를 부정하고 있는 한 스베덴보리도 포스트모더니즘적이다.

—

금세기에 이르러 정신분석학적이고 해체비평적인 사고방식이 우리에게 매우 반직관적인 개념으로 남아 있는 것을 이해할 수 있는 어떤 자가생산적인 기회를 제공해 오고 있다.

말하자면 인간의 자아감(sense-of-self)은 자명(self-evident)하지도 않고 자아현존적(self-present)인 것도 아닌 정신적 구성(mental construction)이라는 관념을 제공해 오고 있다. 자아는(self: 스베덴보리가 선택한 라틴어로는 proprium으로 실제로는 "자기 스스로에게 속해있는 것"을 의미한다. 그에게 있어서 사람이 생각하고 의지력을 발휘하는 이해력은 자신에게서 일어난다.) 망상이라는 점에서 스베덴보리와 불교는 일치한다. 스베덴보리와 불교에 의하면 자아감은—나라는 존재는 생각과 행동을 자가발생시키는(self-generating) 독립된 상태에 있는 존재라는 지각—오히려 영향력의 유기적 조직(또는 섭리)의 결과로서 이해되고 있다. 스베덴보리에게 있어서 이러한 영학력은 영적인 것이다. 말하자면 영들이다. 선한 영(천사)과 악한 영(마귀)이 항상 우리와 함께 하면서 우리가 정신적인 생활과 감정적인 생활로 이해하는 많은 것들에 영향을 미친다.

포스트모더니즘: 모더니즘의 연속선상에 있으면서 동시에 그에 대한 비판적 반작용으로, 비역사성, 비정치성, 주변적인 것의 부상, 주체 및 경계의 해체, 탈장르화 등의 특성을 갖는 예술상의 경향과 태도

악한 영들은 우리의 악한 감정에 자리를 잡아 그곳에 늘어붙고 선한

영들은 우리의 선한 감정 속에 자리잡는다(『천국과 지옥』, 295). 영들의 (악하고 선한) 영향력이 우리의 사고방식으로 들어와 수용되는 것은 그러한 영향력이 우리 자신의 감정 및 경향성과 조화를 이루기 때문이다. 이런 식으로 해로운 영들은 우리의 나쁜 성격의 특성을 강화시키고 선한 영들은 우리의 한결 선한 성격의 특성들을 강화시킨다. 어떤 영들은 우리의 근심과 우울함의 근원이 된다(『천국과 지옥』, 299). 여러 질환과 (스베덴보리를 괴롭혔던 치통을 포함한) 죽음은 지옥의 영들에 의해 야기된다. 사람들은 모두 이러한 긍정적인 영적 힘과 부정적인 영적 힘의 두 가지 복합체 사이에서 균형을 이루고 있는 까닭에 자유 의지를 지닌다. 말하자면 선택할 수 있는 우리의 능력은 보존, 유지된다.

사물의 영향력의 유기적 조직과 같은 것에 대한 불교 특유의 유사성으로 오온(five skandha;五蘊)을 들 수 있다. 온은 '쌓아 놓은 것' 또는 '집합체'를 의미하는 것으로 이들의 상호작용이 자아라는 망상을 야기하는 것으로 설명하고 있다. 그러나 이 독특한 유사성은 그 의미가 깊을 수도 있고 깊지 않을 수도 있다. 왜냐하면 불교 전승(2400년 전의 구전[口傳]교리에서 비롯되어 스베덴보리주의자들은 염려할 필요가 없는 경전 상의 어려움을 야기하고 있는) 내에서 각각의 온이 언급하는 바가 전혀 분명치 않거나, 그들의 상호작용이 어떻게 이해되고 있는지도(오온은 흔히 존재론적으로 해석되지만 어떤 것에 대한 인식작용에서의 다섯 가지 서로 다른 단계를 가리켜 말하는 것이기도 하다.) 전혀 분명치 않기 때문이다. 그러므로 각각의 온이 얼마나 '영적인' 것인지 명확치 않지만 최초의 팔리어 주석은 스스로를 이루어가는 힘이 결여된 비인간적이고 오히려 기계적인 과정으로 이해하고 있는 것 같다.

그러나 중요한 것으로 남는 것은 양쪽의 자아에 대한 해체비평이 자유롭게 되어 순수한 의식이 되는 나름의 순수의식에 의해 정의된 데카르트 유형의 혼의 실재를 부인함으로써 그들 자신이 살던 시대의 종교적인 풍조와 철학적인 도전에 맞서고 있느냐는 것이다.

오온(五蘊): 오온은 개인 존재를 구성하는 5개의 집합체, 즉 색(色), 수(受), 상(想), 행(行), 식(識)을 말한다. 이에 대하여 자세히 설명하려면 엄청난 지면이 필요하다. 독자들께서는 인터넷이나 전문지식에 대한 정보를 제공하는 매체를 이용해 알아보시기 바란다.

불교가 순수한 혼이나 불순한 업으로 뒤덮인 의식(意識)에 대한 힌두교의 개념을 반박하듯 스베덴보리는 더럽혀지지 않은 영광 속에서 돋보일 수 있도록 정화될 필요가 있는 죄 많고 혼란스런 혼이라는 서구의 전승을 (적어도 플라톤으로까지 거슬러 올라가는) 반박하고 있다. 대신에 각 개인은 그 자신의 가장 깊은 애정이나 중심적인 사랑이라 할 수 있다(『천국과 지옥』, 58). 그러한 초기의 자아의식을 대신하여 스베덴보리는 내가 사랑하는 것이 나를 이루는 것임을 강조하고 있다. 그런 사랑에 자극받아 우리가 행하는 것은 우리에 대한 자유로 여겨진다. 종교적인 과제는 이런 사랑 뒤에 깃들어있는 것을—추측컨대 사랑을 행위로 보여 주는 어떤 순수한 의식—찾아내는 것이 아니라 나의 중심적인 사랑을 바꿈으로써 (자기사랑에서 주님과 이웃사랑으로) 나 자신을 전환시키는 것이다.

아마도 우리의 정신생활에 대한 이러한 이해는 스베덴보리의 교리를 주체와 객체간의 이원성(二元性)의 부인과 마음과 몸 사이의 이원성의 부인이라는 두 가지 근본적인 대승불교 교리와 연관시킬 경우 더욱 더 의미 있는 정신생활이 된다. 두 가지 대승불교 교리는 중요한 스베덴보리 신학의 주장과 매우 깊은 공통점을 지니고 있다.

주체와 객체라고 하는 이원성의 부인은 많은 대승경전과 주석에서 찾아볼 수 있다. 일본의 선사 도겐(道元)의 표현처럼, "나는 마음이란 산과 강과 드넓은 대지, 해와 달과 별과 다름이 아닌 것을 깨닫게 되었다." 내면에 자아가 없다면 이 세계를 우리의 마음 밖에 있는 존재로서 이야기하는 것은 아무 의미가 없다. 모든 것이 '나의' 마음이 된다. 나는 이 말이 달리는 이해하기 어려운 스베덴보리주의의 주장을 해명해 주는 것이라 생각한다. 스베덴보리는 하나님의 입류는 우리의 내적인 것으로부터 오는 것으로는 경험되지 않는다고 하고 있다. 오히려, 하나님의 입류는 이마를 통해 우리의 내면 안으로 들어온다. "인간의 내면으로의 주님의 입류는 인간의 이마 안으로 입류된다. 그리고 그곳에서 얼굴 전체로 입류된다."(『천국과 지옥』 251)

내가 이 점을 정확하게 이해한다면 거기에 내포된 뜻은 바로 불교에 내포된 뜻이다. 말하자면 내면에(within) 있는 하나님을 (기독교 신비주의자처럼) 깨달아야 하는 것이 아니라 세상과 동떨어진 '내면'의 의미를 깨달아야 한다는 것은 극복되어야 할 필요가 있는 자아망상이라는 것이다.

도겐(道元): 일본 가마쿠라 시대의 고승으로 일본 조동종의 교주, 창조적인 개성의 소유자로 선과 철학적 사색을 결합시켜 세계적인 명성을 얻었다.

자아에 대한 이런 망상은 어떻게 극복될 수 있는가? 도겐은 간결한 설명으로 불교의 접근 방법을 제시하고 있다.

불교의 도(道;way;곧 진리)를 연구하는 것은 자아를 연구하는 것이다. 자아를 연구하는 것은 자아를 잊어버리는 것이다. 자아를 잊어버리는 것은 무수한 것들에 의해 활성화되는 것이다. 무수한 것들에 의해 활성화될 때 우리의 몸과 마음은 물론 다른 사람들의 몸과 마음도 떨어져나간다. 깨달음의 흔적조차 남지 않는다. 이러한 흔적 없음(no-trace)이 영원히 지속되는 것이다.

자아란 원래 없었고 다만 자아에 대한 망상만이 있었으므로 불교의 도(道;path, way와 마찬가지로 진리를 의미)의 요점은 자아를 제거하는 것이 아니라 자기 스스로를 잊어버리는 것으로 이는 명상에 깊이 몰입함으로써 이루어진다. 나라는 자아감이 증발해 버릴 때 나는 내가 세계라는 것을 깨닫는다. 불사(不死)의 경지에 이르는 대신, 나는 태어난 적이 없기 때문에 죽을 수가 없다는 것을 깨닫는다. 이러한 자아에 대한 망상이 스베덴보리에 의해서는 어떻게 극복되는가? 스베덴보리가 저 세상에서의 그 자신의 경험들을 최초로 설명한 『영계일기』에서 그는 영들과 나눈 몇 마디 대화를 기록하고 있다. 그 영은, "우리는 멸종의 과정을 겪게 되거나 무(無;nothing)가 되어 버릴 것"이라는 말을 이해하지 못했다. 그에 대해 스베덴보리는, "이것은 내가 알고자 원했던 것으로 절대적으로 무가 되는 것이오. 그때에 나는 처음으로 무엇인가가 될 것이기 때문이오."라고 답해 주었다.

그들은 그 뒤 무가 의미하는 것에 대한 가르침을 받았다. 말하자면, 인간은 그 자신의 모든 것, 말하자면 자신의 탐욕과 자신의 부정한 행위를 잃어버려야만 한다고…. 그들의 것이었던 것을 잃어버리고 나서야 무엇인가 될 수 있다는 것을, 그리고 그러한 상실의 경험에 비례하여, 혹은 무로 환원되면서 그들은 무엇인가 되기 시작한다는 것을, 그리고 나서야 그들이 원하는 것이나 생각하는 것이 그 무엇이든 모두 갖게 될 것이라는 가르침을 받았던 것이다.

불교에서와 마찬가지로 스베덴보리에 있어서도 도(道)는 우리의 자아를 놓아 버리는 것이다. 관찰되는 대상을 비이원론적인 마음의 현시(顯示)로 전환함으로써 소위 물질적인 세계는 물론 '나의' 정신적인 행위의 사건들 또한 한층 더 '활성화된다'. 말하자면 나의 이해에 의해

—

생각되는 것과는 상관없이 그들 자신의 생명이 한결 더 생기를 띠게 되다는 것이다. 스베덴보리는 이와 매우 비슷한 말을 하고 있다.

> 사고, 지각, 그리고 애정이라 칭해지는 사랑과 지혜에 속한 것들은 실체와 형태이다…. 그곳의(뇌 속의) 애정, 지각 그리고 사고는 발산되는 것이 아니라 모두가 실제로 그리고 사실상 주체들로서 그것들 스스로는 어떤 것도 발산하지 않고 그것들에 입류하여 영향을 미치는 것들에 따라 변화를 겪을 뿐이다. (『하나님의 사랑과 지혜』, 42)

그러므로 지각, 사고, 그리고 감정은 '내가' 행하는 바의 것들이 아니다. 그 말을 돌려서 나의 자아감은 그것들이(지각, 사고, 감정) 행하는 것에 속하는 기능이라고 말하는 것이 좀 더 정확하다. 이런 식으로 우리의 정신생활에 대한 스베덴보리의 이해는 주님으로부터(보통 천사를 매개로 하여) 오는 입류와 악한 영들로부터의 입류 두 가지가 작용하는 방식의 이해와 일치한다.

이러한 주체와 객체의 비이원론은 마음과 몸의 이중성이라는 우리의 경험에 매우 깊은 중요성을 지닌다. 그래서 20세기의 대부분의 철학은 오늘날 의심스러워 (사람들이) 멀리 하는 것으로 여겨지는 마음과 몸 그리고 마음과 물질 따위와 같은 해체적인 이원론에 관심을 가지고 있어서 어떤 문제가 있었는지 또는 어떤 대안이 있을 수 있는지가 오히려 분명치 않던 때인 18세기에 스베덴보리가 저술한 내용을 상기할 필요가 있다. 마음과 몸의 (혹은 물질) 관계에 대한 스베덴보리의 견해는, 그러므로 훨씬 더 인상적이다. 내세에서는 모든 영의 몸은 그 영의 사랑의 외적인 형태이다. 이는 정확하게 그의 혼이나 또는 마음의 내적 형태와 상응한다(『천국과 지옥』 363). 특히 사람의 얼굴로부터 훨씬 더 내적인 애정이 드러나고 빛을 발한다. 얼굴이 바로 이러한 애정의 외적인 형태이기 때문이다(『천국과 지옥』 47).

좀 더 지혜로운 천사들은 대화로부터도 다른 사람의 전체 상태를 알게 된다(『천국과 지옥』 236). 사람이 죽으면 천사들이 그의 몸을 조심스럽게 살펴보는데, 얼굴에서 시작하여 기타 다른 부분을 살핀다. 죽은 사람의 생각과 의지가 전신에 기록되어 있기 때문이라는 것이다(『천국과 지옥』 463). 이 새로운 영은 그 뒤 '황폐화'된다. 외적인 요소와 내적인 요소가 상응하여 반드시 하나로서 작용하여야 하기 때문이다(『천국과 지옥』 498, 503). 그 결과 영의 마음과 몸은 매우 완벽하게 상응하게 되어 마음과 몸을 구분하는 것은 더 이상 의미가 없게 된다. 이는 내세에서, 때로는 현세에서도 가장 완벽하게 경험되는 완전한 혼인상의 결합이다. 혼과 마음 모두가 머리에 있는 것처럼 보이지만 "실제로는 전체 몸 속에" 있기 때문이다(『결혼애』 178).

이러한 결합이 이 세상에서도 발생할 수 있다는 사실은 내세와 현세를 너무 분명하게 구분할 필요가 없음을 우리에게 상기시켜 준다. 롤프식 마사지와 같은 생체 에너지학적인 요법은 신체가 마음이 부리는 수레만은 아니라는 점을 확신시켜 준다. 왜냐하면 신체는 마사지에 의해 자극을 받을 수 있는 과거의 트라우마에 대한 기억을 지니고 있기 때문이다.

자기 사랑(the Love of the Self)

자기 사랑은 하나님의 입류에 대해 가장 깊은 내면을 닫아 버리는 것으로 극복되어야 할 문제이다(『천국과 지옥』, 272). 사람은 자신의 합리성의 오도(誤導)로 "무질서한 생활을 통해" 자기 안의 영적인 생활의 소산을 부패케 해 오고 있다. 그러므로 인간은 완전한 무지의 상태로 태어나고 그 상태에서 신성한 수단에 의해 천국의 형태로 되돌아와야 한다(『천국과 지옥』, 108).

무지해져야 할 필요는 개념화에 대한 불교식의 비판을 의미하는 바, 스베덴보리도 그런 비판을 하고 있다. 통찰력이 외적인 진리가 되면 그 자체로는 우리를 구원할 수 없지만 그러한 통찰력이 우리의 삶 자체가 될 때 우리를 변화시킨다(『천국과 지옥』, 517). 순진무구는 선한 모든 것의 본질이고 모든 것은 그것이 순진무구함을 내포할 때에만 선이다(『천국과 지옥』, 281). 불교도들에게는 깨친 사람이 살아가는 비자아의식적인 방법을 설명하고 있는 진여(眞如;tathata)처럼 들린다.

진여: 불교에서 궁극적 진리, 만물의 본체를 뜻하는 말. 변화하는 세계에서 변하지 않는 존재 그대로의 진실한 모습을 말한다.

자기사랑을 버리고 자아라는 느낌을 놓아 버리면 우리는 다른 실체에 이르지 않고 이 하나의 진실한 본질을 깨닫는다. 이는 우리가 필요로 하는 모든 것이다. 그것이 선(禪)의 본질이 "장작을 패고 물을 길어 오라"라는 말이 될 수 있는 이유이다.

이것이 두 전승(傳承;tradition)이 삶의 문제를 해결하는 방법이기 때문에 그 중요성은 아무리 강조해도 지나치지 않는다. 영적으로 되는 것은 모든 것에 대해 활짝 열어젖히고 그로 인해 전체와 하나가 되는 것이다. 말하자면 자신의 위치를 받아들이고 그로부터 자기 사랑과 (스베덴보리 측) 분리된 자아라는 망상(불교 측)과 대비되는 전체를 드러내어 보이는 것이다. 핵심적인 요점은 이것이 우리가 죽은 후에만 일어날 수 있는 그 무엇이 아니라는 것이다. 우리의 내면이 열려 있기만 하면, 우리는 바로 지금 천국에 있으며(스베덴보리 측) 석가모니 부처님에 의하면 지금 이 자리에서 니르바나에 이를 수 있다. 사실 니르바나는 대승불교의 전승에 따르면 삼사라(samsara;輪廻)의 진실한 본질임에 다름없다. 이에 대한 한 가지 해석은 바로 있는 그대로의 열정이 지혜와 깨달음이라는 것이다. 이 해석은 욕망을 인간의 고통의 근원으로 이해하는 초기 팔리어 불교의 좀 더 정통적인 견해를 반박하는 것이다. 그러나 대승의 주안점은 우리의 욕망이 이기적인 욕구에서 이기심이 없는 즐거움으로 변화될 수 있다는 것이다. 인생의 즐거움에 대한 스베덴보리의 자세는 기독교의 금욕주의적이고 삶을 부정하는 이전의 해석을 똑같이 비판하고 있다.

살아 있는 내면의 애정은 모두가 그 즐거움을 선과 진리로부터 끌어낸다. 그리고 선과 진리는 그 즐거움을 자비와 믿음에서, 그리고 주님에게서, 그리고 생명 그 자체로부터 끌어낸다. 그러므로 거기서부터 나오는 애정과 즐거움은 살아 있는 것이다. (『천국의 비밀』, 995)

그러나 이 말이 영적인 생활은 '더욱 더 강렬한' 즐거움을 내세우는 향락주의자의 강한 애착과도 같다는 것을 의미하는 것은 아니다. 스베덴보리와 불교 모두가 강조하는 진여행(眞如行;tathata activity)이라는 또 다른 관점이 있기 때문이다. 스베덴보리는 주님의 왕국은 '쓰임새가 최종 목적인' 왕국이라 진술하고 있다. 말하자면 기능(function)이 목적이라는 것이다. 그러므로 하나님의 경배에서 문제가 되는 것은 교회에 나가야 하는 것이 아니라 사랑, 자비, 그리고 믿음의 생활을 사는 것이다(『천국과 지옥』, 112, 221, 222). 다른 사람들을 위해 선을 행하기를 좋아하는 사람들, 자신이 아니라 선을 위해 선을 행하기 좋아하는 사람들이 이웃을 사랑하는 사람들이다. 선이 이웃이기 때문이다(『천국과 지옥』, 64). 이 말을 처음에는 이웃을 위해 선한 행위를 하고 그 후에 (이웃 또한 자아가 없다는 것을 깨달았을 때) 다르마(Dharma: 불교에서 말하는 사물의 본질에 대한 "궁극의 진리")를 위해 선을 행한다는 불교의 교리와 비교해 보라. 그러나 결국 인간은 아무런 이유도 없이 선을 행한다. 이는 스베덴보리의 말을 빌리면 가장 숭고한 순진무구에 이르는 것이다.

불교에 있어서 그러한 삶은 이미 자기를 버리고 전 우주의 구원이라는 영원한 사역(事役)에 전념하는 보디사트바(菩薩;bodhisattva)가 가장 훌륭한 예증이라 할 수 있다. 보살은 너무나 이타적이어서 누군가에게 무엇을 줄 때 주고 있다는 의식이 없고 누군가 받은 사람이 있다는 의식도 없으며 주어진 선물이 있다는 의식조차 없다. 그러한 관용은 보살도를 추구하는 이들에 의해 계발된 "숭고한 완성(the higher perfection)"인 반야바라밀(般若波羅蜜;prajna paramitas)의 첫 번째이자 가장 중요한 것으로 (이는 다른 모든 것을 포함하는 것으로 언급되고 있으므로) 강조되고 있다. 이는 선업(善業)을 쌓는 것과 관계가 있는 선행(善行)에 대한 좀더 대중적인 불교도의 자세에 내재해 있는 "영적인 물질주의"의 그릇된 점들을 바로잡아 준다. 스베덴보리에게 있어서도 주님의 인도를 받은 사람들은 그들의 선한 사역의 결과로 생기는 이점밖에는 생각하지 않는다(『천국의 비밀』 6392). 이에 대한 스베덴보리의 설명은 대승경전의 내용에도 적절하게 들어맞을 것이다.

진여행: 앞에서 설명한 진여에 입각한 행위.

보디사트바: 음역하여 보살이라 칭해진다. 대승불교를 실천하는 이상적인 인간상을 보살이라 한다. Bodhi는 깨달음 sattva는 중생을 뜻하므로 보살은 깨달음을 구하는 중생이다. 보살의 수행을 '위로는 깨달음을 구하고 아래로는 중생을 교화한다'는 말로 표현한다.

반야바라밀: 열반의 피안에 이르기 위해 보살이 수행을 하면서 진리를 인식하는 깨달음의 지혜를 얻는 것.

174

천사가(혹은 보살이!) 어느 누군가에게 선을 행할 때 천사는 그
에게 자신의 선, 만족, 그리고 축복을 전달한다. 다른 사람에
게 모든 것을 주고 자신은 아무 것도 지니지 않는다는 생각으
로 이와 같이 행한다. 천사가 그러한 영적 교섭의 상태에 있을
때 선은 천사가 주는 것보다 더 큰 만족과 축복으로 그 사람에
게 흘러 들어간다. 이는 계속해서 증대한다. 그러나 천사가 그
러한 만족과 축복의 유입을 자신 속에서 유지하려는 의도로
그 자신의 것을 함께 하려는 생각을 하는 바로 그 순간에 유입
은 흩어져 사라져 버린다. 천사가 자신의 선을 함께 나누는 사
람으로부터의 보상이라는 생각을 조금이라도 하게 되면 입류
는 한층 더 심하게 흩어져 사라져 버린다. (『천국의 비밀』, 6478)

세상에서 물러나 고독하고 경건한 삶을 산 사람들과는 달리 "천사
들의 삶은 그 축복으로 인해 행복하고 또한 그들의 삶은 자비 그 자체
인 선한 목적을 섬기는 것으로 구성되어 있다(『천국과 지옥』, 535). 두 전
승 모두가 구원은 의식(儀式)을 행하는 것이나 믿음, 행위, 또는 신비
주의적인 경험을 하는 것 등의 결과라는 주장을 (철저히) 부인한다. 영
적으로 되는 것은 자기사랑이 이타적인 사랑으로 대체되는 그런 부
류의 삶을 사는 것이다.

이런 삶을 살 수 있으려면 인간은 거듭나야 한다. 스베덴보리에
게 있어서 이는 불교의 해탈로의 '전환'인 깨달음과 매우 비슷한 것으
로 보이는 우리 내면의 계발(啓發)을 포함하고 있다. 악의 발단은 "인

간이 주님으로부터 스스로 등을 돌려 자신을 향하는 것이다(『결혼애』, 444). 우리는 자기로부터 되돌아 서서 주님을 향할 필요가 있다. 이러한 전환은 우리들 안으로 주님의 입류가 자유롭게 흘러들어 오게 한다. 입류는 생명 그 자체이다. 우리는 이러한 하나님의 생명의 그릇으로 우리 자신의 어떠한 다른 생명도 지니고 있지 않다. 문제는 우리가 얼마만큼이나 이러한 입류에 열려 있느냐는 것이다. 나의 주된 사랑에 의해 이러한 입류는 (자기사랑에 의해) 막히고 제한되거나 (하나님과 이웃사랑 속으로) 샘물처럼 흐르기도 한다. 이는 개인의 노력과 초월적인 은혜의 관계라는 영구적인 종교문제의 해결책을 가리키고 있다. 이런 긴장 상태는 성(聖) 아우구스티누스와 펠라기우스 간의 논쟁에서 제기되고 있으며, "고양이의 구원"(어미 고양이는 항상 새끼 고양이를 데리고 다닌다.)과 "원숭이의 구원"(새끼 원숭이는 어미 원숭이의 가슴에 달라붙어야만 한다.)에 대한 힌두교의 논쟁에서도 제기되고 있다.

성 아우구스티누스: 4세기에 알제리 및 이탈리아에서 활동한 신학자이자 주교로 개신교, 로마 가톨릭교회에서 교부(敎父)로 존경받는 사람이다.
펠라기우스: 영국 태생의 기독교 수도사, 4세기 말에 로마에 와서 수도생활을 했다. 금욕적 생활태도, 도덕적 엄격함으로 존경을 받았다. 인간의 자유 의지와 노력을 강조하고 구원에 있어서 은총의 의의를 부정했다. 이 점에서 아우구스티노스로부터 강한 반박을 받았고 이단으로 몰리기도 했다.

그리고 "타력신앙"(부처님의 자비에 스스로를 던지는 것)과 "자력신앙"(해탈하기 위해 스스로 노력하는 것)의 관계에 대한 불교의 문제에서도 거듭 되풀이되고 있다. '내가' 할 수 있는 모든 것은 나 스스로를 놓아 버림으로써 영적인 입류를 향해 나를 활짝 열면 그 결과 구름이 흩어지면 해가 빛나듯 이 입류가 필연적으로 나를 가득 채운다. 그러나 이처럼 (나 스스로를) 놓아 버리는 것이 그리 쉬운 일이 아니다. 자아가 문제로 남아 있는 한 놓아 버리는 것은 자아가 할 수 있는 그 무엇이 아니다. 예를 들면, 불교의 선(禪)에서는 놓아 버리는 것이 내가 의지하는 것을 지배하지 못한다. 나는 좌선을 하면서 나의 명상 수행에 집중하여 그 수행과 더불어 하나가 됨으로써 간접적으로 "나 자신을 잊어버리는" 법을 배운다.

하나님의 동일화(Identification of the Divine)

이 문제는 복잡하기는 하지만 나는 하나님에 대한 스베덴보리의 개념이 대승불교와 똑같은 식으로 인간적인 것과 비인간적인 절대존재라는 양 극단을 피하고 있다고 생각한다. 베단타의 어떤 유형에서 보이는 것과 같은 완전히 비인간적인 절대존재는 우리(인간)의 상황에 무관심한 것에 틀림없는 반면에 우리(인간)의 것과 비슷한 의지와 욕망을 지닌 것으로 이해되고 있는 좀 더 인간적인 하나님은 어떤 특별한 운명을—아마도 그 특별한 운명을 (예컨대, 예정설) 받을 만한 가치가 있는 어떤 일을 행함도 없는 사람들에게—주기 위해 어떤 사람을 (혹은 어떤 사람들을) 선택할 수도 있다는 것이 이 문제의 딜레마이다.

그러나 만일에 하나님이 다름 아닌 우리들이고 사실상 하나님이 만물에 생명을 불어넣는 힘이라고 한다면 스베덴보리는 그 모든 것을 우리의 실재(being)라 표현할 수 있을 것이고 대승불교라면 우리의 실재의 결여라 표현할 수도 있을 것이다. 또는 13세기의 기독교 신비주의자 마이스터 에크하르트의 표현대로라면 이 두 가지 설명이 똑같은 식견을 전달하는 방법인 까닭에 하나님과 우리들 인간 사이에는 어떠한 이중성도 없다.

베단타(Vedanta): 베단타라는 용어는 베다 문헌의 마지막 부분을 이루는 우파니샤드를 가리키기도 하고 우파니샤드에 대한 연구를 통해 생겨난 학파를 가리키기도 한다. 베단타의 가장 기본적인 문헌은 우파니샤드, 브라마수트라, 바가바드기타 등이다.

그래서 에크하르트는 '존재'와 '비존재'라는 두 용어의 의미를 아랑곳하지 않고 뒤집음으로써 2원적(二元的)으로 구사할 수 있다. 때때로 그는 인간의 존재를 언급하고 신을 조금만치의 존재상태도 없는 무(無)로 설명하기도 한다. 또 어떤 경우에 에크하르트는 모든 생물의 무(無)를 하나님의 존재와 대비시킨다. 이 경우에 하나님은 존재를 지니거나 또는 존재이지도 않고 그 존재가 바로 하나님이다. 만일 하나님이 만물의 생명이거나 실재라면 그 자체의 어떤 존재를 지니는 것은 아무 것도 없다고 말할 수 있다. 이것이 대승불교의 존재의 공(空)에 대한 적절한 설명이자 스베덴보리에 있어서의 주님의 본성에 대한 적절한 설명이 될 수 있을까?

스베덴보리에게 있어서 하나님의 본질과 그리스도의 역할은『천국과 지옥』에서 충분한 설명이 베풀어지지 않은 두 가지 어려운 문제점이다. 그래서 이와 같은 문제를 좀 더 충분하게 설명하고 있는 다른 저술들을—특히『하나님의 사랑과 지혜』와『천국의 비밀』—살펴보아도 나로서는 전체적으로 분명하고 만족스러운 내용을 찾아볼 수 없다. 그러나 묘하게도 불교의 전승에는 똑같은 두 가지 뜻이 담긴 부분이 있다. 두 가지 문제점들을 하나씩 살펴보기로 하겠다.

스베덴보리에게 있어서 하나님은 생명 그 자체이시다. 천사와 영과 인간들은 그 생명을 받아들이는 그릇이다. 이러한 신성한 본질은 사랑과 지혜로 드러난다. 이 두 가지 본질은 태양의 열과 빛처럼 따로 떼어놓을 수 없다.—이는 영감(靈感)을 받아 이루어진 상사(相似;analogy) 관계이거나 스베덴보리가 깊이 인식하고 있는 상응이다. 천국의 하나님은 (스스로가 아니라) 태양으로 나타나시기 때문이다(『천국과 지옥』, 116-140). 그러나, 불어넣어진 모든 것들과 그런 것들을 불어넣는 행위와는 별도로 하나님에 내재하는 본질을 밝혀 들어갈 경우, 스베덴보리의 저술은 별로 도움이 되지 않는다. 그는 하나님이 인간이라는 점을 거듭 강조하고 있다. 이에 대한 세 가지 주요한 이유가 제시되어 있다. 인간은 천사와 영과 같이 그들의 생김새가 하나님에게서 유래한다. "생김새에 있어서는 전혀 차이가 없고 본질에 있어서 차이가 있다(『계시록 해설』, 1124;『하나님의 사랑과 지혜』, 11). 천국은 전체적으로나 부분적으로나 인간의 형태이다(『천국과 지옥』, 59-72). 그래서

—

인간은 하나님을 사람으로 생각해야만 한다. 왜냐하면 명확하지 않아서 이해할 수 없는 것에 대해 생각하고 사랑하여 결합되는 것은 불가능하기 때문이다(『천국과 지옥』, 3, 『진실한 기독교』, 787, 『천국의 비밀』, 8705, 7211, 9354).

중요한 것으로 보이는 것은 이러한 세 가지 이유 어느 것도 흔히 이해되고 있는 것과 같은 일신교(一神敎)를 명백하게 내포하고 있는 것은 아니라는 것이다. 처음의 두 가지 이유는 하나님이 자신의 우주(전체적으로)와는 별도로 그리고 자신의 입류를 경험하는 존재들(세부적으로)과는 별도의 자기존재를 요구하지 않는다. 이 두 가지 이유는 인간과 우주가 입류의 용기(容器)로서 반드시 구체화하는 형태에 대해서는 무엇인가 중요한 것을 의미하고 있지만 그러한 유입의 근원을 이루는 본질적인 형태(form-in-itself)에 대해 의미하는 바는 아무 것도 없다. 주장이라기보다 논쟁의 대상이 될 수 있는 세 번째 이유는 몇 가지 서로 다른 해석이 나오고 있기 때문에 평가하기 어려운 유일한 이유이다.

그러나 세 번째 이유가 제기하는 전반적인 논쟁은 '어떤 경우인가' 보다는 '생각해야 할 바'이다. 스베덴보리는 우리를 타락시킬 수도 있는 그릇된 방향으로 하나님을 생각하는 것에 대한 위험을 염려했다. 존재하는 모든 것의 근원인 대우주의 실체라 하는 보이지 않는 신성을 믿는 사람들은 결국 어떤 신성도 믿지 않는 결과에 이르게 된다. 그런 신성은 "생각의 주제로 적합하지 않기" 때문이라는 것이다 (『천국과 지옥』, 3). 이해할 수 없는 것을 인식하는 사람들은 점점 자연에 대한 생각으로 바뀌어 전혀 하나님을 믿지 않게 된다(『천국의 비밀』, 9354). 게다가 천국의 어느 누구도 "본질적인 신성에 대한 개념을 전혀 지닐 수 없다…." 그 이유는 천사들은 유한하고 유한한 것은 무한한 것에 대한 개념을 전혀 지닐 수 없기 때문이다. 그러므로 천국에 있는 그들이 인간의 모습을 하신 하나님에 대한 관념을 지닐 수 없다면 그들은 전혀 관념을 지니지 않거나 아니면 어울리지 않는 무례한 개념을 지니게 될 것이다(『천국의 비밀』, 2711).

요약컨대 하나님을 무한한 범위에 놓고 생각할 때 하나님에 대한 우리의 모든 개념은 하나님의 영향을 이해하지 못하지만 우리가 하나님에 대한 개념을 필요로 하는 범위 내에서는 최선의 이미지가 사람의 이미지이다. 불교도들에게 이 점은, 종교에는 반드시 유일신이 있어야 하므로, 불교는 종교가 될 수 없다는 19세기의 논쟁을 떠올리게 한다. 이 논쟁이 요구하는 질문은, 인간으로서의 하나님의 형상을 포함하여 그 영적인 수행이 하나님의 입류를 촉진하는 까닭에 여전히 종교로서 작용한다는 신성에 대한 모든 개념을 비판하는 (불교와 같은) 종교가 가능하느냐는 것이다.

스베덴보리의 본질적인 가르침이 주님의 사랑과 지혜는 만물에 흘러 들어가므로 하나님과 동떨어져 존재하는 생명은 아무 것도 없음이 분명한 것이라는 범위를 한정하고 있는 한 하나님이 인간이라는 사실은 하나님이 생명과는 별도로 인간 같은 모양으로 존재한다는 것을 의미해야 할 필요는 없다. 그러나 이 말은 좀 더 깊이 들어가 보아야 하는 것일 수도 있다. 스베덴보리가 좋아하는 비론(比論)—형태 없는 빛을 내비치는 태양으로서의 하나님—을 통해 추론해 본다면 주님은 그의 창조에서만 형태를 성취하는 '잠재세력'으로 이해될 수도 있다. 그런 관점에서 보면 개별적으로나 (우리가 하나님의 입류에 문을 여는 것 같은) 집합적으로나 (하나님의 천국이 성장하여 여러 갈래로 갈리는 것처럼) 완전히 진실해지도록 하기 위해 하나님은 우리들 인간을 필요로 한다.

이러한 이해를 받아들일 수 있다면(스베덴보리 자신은 받아들일 수 없었을지도 모르지만) 이는 불교의 많은 부분과 일치하며 불교 교리의 몇 가지 양상을 분명히 밝히는 데에 도움이 될 수도 있다. 대승불교의 핵심은 공(호)이라는 개념이다. 대승불교의 가장 유명한 논사(論師)인 나가르쥬나에게 있어서, 만물이 공(호)하다는 것은 스스로 존재하는 것은 아무 것도 없다는 것을 표현키 위한 편법이다. 간결한 반야심경에서 관세음보살은 "형태가 곧 공이고 공이 곧 형태이며(色卽是 호 호卽是色), 형태가 공과 다르지 않으며, 공이 형태와 다르지 않다(色 不異호 호不異色)."라는 깨달음을 펴고 있다. 유감스럽게도 불교의 공을 영어로 번역한 단어 'emptiness'는 원래의 산스크리트 단어 수냐타(호;šûunyatâ)의 함축된 의미를 충분히 전달치 못하고 있다.

이 단어의 어근인 šû는 실제로 '부풀어오른(swollen)'을 의미한다. 부풀어오른 풍선뿐 아니라 임신한 여성처럼 가능성을 지니고 부풀어오른 것을 의미한다. 나가르주나에 의하면 영적인 성장을 포함하여 어떠한 변화도 가능한 것은 만물이 공이기 때문이라는 것이다. 그러

—

므로 산스크리트 원어인 šûunyatâ는 사실상 본질적으로는 무(無)이지만 만물에 생명을 불어넣어 있는 그대로의 현재의 모양을 가능케 해주는 '비어 있는 본질'로 해석되어야 한다.

그러한 입류는 그 자체의 형태가 전혀 없으며 나라는 존재가 관련되어 있는 범위 안에서는 내가 그것을 알 수 없다는 두 가지 이유로 '공'한 것으로 경험된다. 이 말은 주님께서 우리들 모두의 생명을 조성하실 때에 우리가 받아들이는 정도로까지 열과 빛을 우리에게 흘려넣어주신다는 스베덴보리의 이해와 일치한다.

불교 쪽에서 보아도 때로는 지나치게 부정적인 의미를 초래하는 공이라는 술어의 허무주의적인 해석을 피하는 데에도 도움이 될 수 있다. 그리스도보다 500년 앞서 태어나 불교를 창시한 석가모니 붓다는 제자들에게 유일신과의 합일이나 자신의 입류를 경험할 것을 강요하지 않았다. 대신 그는 제자들에게 자신이 이르러 있는 나르바나와 똑같은 경지에 이를 수 있도록 자신이 수행한 것과 똑같은 유형의 영적수행을 추구함으로써 자신의 자취를 따를 것을 교시했다.

그러나 이러한 차이는 그리 문제가 되는 것 같지는 않다. 한 가지 예로서, 니르바나의 개념은 잘 알려진 바와 같이 정말 이해하기 어렵다. 석가모니 부처님은 니르바나가 고통과 갈망의 종식이라는 점 외에는 그것에 대하여 많은 말을 하지 않고 니르바나를 알고자 하는 자는 스스로 그 경지에 이르러야만 한다고 말씀하셨기 때문이다.

게다가 비교적(比較的)인 종교 연구는 오늘날에는 부인하기 어렵지만 스베덴보리의 시대에는 별 의미가 없었던 식견에 치우쳐 왔다. 바로 그와 비슷한 경험들은 우리가 익히 알고 있는 전승에 따르면 서로 달라서 일치하지 않는 설명에 따를 수밖에 없을 수도 있다. 석가모니 생존 시의 인도의 대중 종교는 다신교였다. 이는 석가모니가 다른 모든 신들을 초월하거나 결합하여 하나가 되게 하는 절대적 유일신이라는 맥락에서 가르침을 편 것이 아님을 의미한다.

뿐만 아니라 석가모니는 당시 다른 현자(賢者)들이 계발한 또 다른 대안인, 우파니샤드의 비인간적인 브라만에 대한 개념에도 별로 익숙해 있지 않았던 것 같다. 그러므로 석가모니는 절대적인 주(主)라는 개념이 중심을 이루는 이미 확립된 기독교의 전승이라는 관점에서 자연스럽게 자신의 경험을 이해한 스베덴보리와는 달리, 자신의 영적인 통찰을—그의 자아를 해소한 사랑과 지혜의 입류—어떤 술어(사랑, 지혜)로도 전하지 않고 그 자신의 종교적인 범주를(무아[無我;no-self], 니르바나, 등과 같은) 창조했다.

그 후, 그리고 서로 다른 사회적 상황에서 유신론적인 개념이 대중 불교에서 중요한 위치를 점하게 되었다. 정토종이라는 불교의 한 종파에서 경배되는 아미타불이 그 대표적인 예이다. 믿음이 주가 되는 이러한 종파들은—스베덴보리가 언급한 바와 같이 이 종파들은 우리가 하나님을 인간으로 생각할 것을 요구한다—많은 불교도들에게 나가르주나와 같은 불교 철학자의 변증법적인 논리보다 더 중요했음이 분명하다.

이런 식으로 스베덴보리가 설명하고 있는 바와 같은 기독교의 유신론은—우리의 생명으로서의 주님, 그의 사랑과 지혜의 입류로 인해—

많은 불교도들이 이해하고 있는 바와 같은 불성(佛性)의 공과 서로 양립할 수 있게 된다.

스베덴보리에게 있어서 그리스도의 유일무이한 역할은 예외이다. 그러나 여기에 있어서도 내게는 그의 이해는 문제될 것이 없는 것으로 보인다. 전체적으로 보면 스베덴보리의 저술들은 결코 양립할 수 없는 두 가지 서로 다른 견해로 인한 긴장 상태를 포함하고 있다. 좀 더 정통적인 측면에서 그는 유일신-인(唯一神-人;God-Man)으로서의 그리스도의 유일성과 그를 인간들의 구세주로 수용하는 것의 중요성을 옹호하고 있다.

다른 측면에서, 좀 더 보편적인, 세계교회적인 측면에서 사랑과 지혜의 입류를 강조함으로써 그는 그리스도의 구원을 베푸는 역할을 지나치게 축소하도록 유도하여 그리 큰 어려움 없이 그를 많은 아바타(avatar) 중의 한 아바타로 재개념화할 수 있다. 이는 불교와 딱 들어맞는 견해이다.

그럼에도 불구하고 스베덴보리가 역사적인 그리스도를 유일한 분으로 이해하고 또 기독교 교회를 특별한 것으로 이해하고 있다는 것에는 의심의 여지가 없다. 그리스도의 강림 이전에는 주님의 영향력이 천사의 천국을 통해 중재되었지만 하나님이 사람이 된 후로부터 주님의 영향력은 직접적인 것이 되었다. 그 후로 기독교 교회는 지상은 물론 천국에서도 인류의 가슴을 형성했다. 기독교인들은 다른 사람들 모두가 바라보는 중앙인 거대한 사람의 가슴을 구성하고 있다. 대부분의 모든 사람들이 기독교를 받아들여야 할 필요는 없지만 일부의 사람들이 기독교를 받아들여 "그로부터 교회 밖에 있는 사람들과 말씀을 지니지 않은 사람들에게도 빛이 있게 되었기 때문이다."(『하나님의 사랑과 지혜』, 233, 『천국의 비밀』, 637, 『하나님의 섭리』, 256)

그러나 주님의 영적인 교회에는 누가 있는가?

주님의 영적인 교회는 오늘날 온 세계에 두루 해 있다. 왜냐하면 이 교회는 말씀을 지니고 그 말씀으로부터 주님에 대한 지식과 믿음에 대한 어떤 진리에 이른 사람들에게만 한정되어 있지 않고 말씀을 지니지 않아서 주님에 대해 전혀 무지하고 결과적으로 믿음에 대한 어떤 진리도 (믿음에 대한 지식은 주님을 의지하므로) 모르는 사람들과도 함께 하기 때문이다. 말하자면 교회와 멀리 떨어져 있는 이방인들과도 함께 한다는 말이다. 그래서 이 세상에 있는 동안 주님을 몰라도 마음 속으로 주님을 경배하고 말없이 주님을 인정하는 사람들은 그들이 선한 상태에 있는 경우이다. 선 속에 주님이 입재하시기 때문이다(『천국의 비밀』, 3263).

스베덴보리는 지옥에 가 있던 동안에 기독교 성경에 정통한 기독교 사제를 만났지만 "그는 생활에 있어서는 악 속에 있었다." 천국에서는 기독교인들과 이방인들을 만났는데 "그들은 거짓 속에 있었지만" 생활에 있어서는 선 속에 있었다(『천국의 비밀』, 9692). 우리가 거듭나고 있을 때에라야 허위에 맞서 싸울 수 있다. 참되지 않더라도 어떤 방법으로든 선과 결합될 수 있는 그런 진리에 바탕을 두고 싸울 수 있다. 이 진리는 순진무구에 의해 선과 결합된다. 순진무구가 결합의 수단이기 때문이다(『천국의 비밀』, 6765). 이런 구절들을 놓고 볼 때—이런 내용의 구절들은 많다—기독교인이 되는 것이 중요하고 또 필요하다는 결론을 내리기가 어렵다.

요점은 단순히 선한 삶을 삶으로써 구원되는 것이 아니라 하나님의 사랑과 지혜의 입류를 받아들이게 되었기 때문에 선한 삶을 산다는 것이다. 그래서 이 입류가 '순진무구한' 것인 범위 내에서는 어떤 특별한 교리를 믿어야만 한다는 이유가 불분명하다. 우리가 스베덴보리의 저술 안에 있는—불교에서는 더욱 중요하게 여겨져 온 요소인—이런 중요한 보편적 요소를 받아들인다면, 그러한 교리와 공동사회가 우리로 하여금 자기사랑에서 방향을 돌려 이타적인 사랑과 지혜의 입류를 향해 활짝 마음의 문을 열도록 우리를 도와주는 경우 외에는 어느 누구도 기독교인이나 스베덴보리주의자나 불교도가 되어야 할 필요가 전혀 없다.

어느 누구도 결코 육체와 감각적인 것들의 즐거움을 향유치 못하도록 금지 당하지 않는다. 이런 즐거움들은 내적인 애정에서 나온 가장 바깥쪽의 애정이거나 육체적인 애정이기 때문이다.

하나님이 지상에서 인간으로 화현(化現)하셨던 이유는 무엇인가? 인간의 내적인 것들은 지옥의 (악)령이나 천국의 천사의 지배를 받는다. 시간이 흐르면서 지옥의 영향력이 강성해져 '더 이상 어떤 (올바른) 믿음이나 자비가 존재치 않을' 때에 질서를 회복하고 인간을 구원하기 위해 하나님의 강림이 필요했던 것이다(『천국의 비밀』, 152). 이 말은 구세주의 출현에 대한 좋은 이유는 될 수 있겠으나 구세주로서의 그리스도의 유일성을 논증하기에는 빈곤하기 그지없다. 사실 이는 아바타의 주기적인 출현에 대하여 『바가바드 기타』에 제시되어 있는 것과 똑같은 이유이다. 불교에서는 부처가 일정한 주기를 두고 출현한다(석가모니불 이전의 부처는 가섭불이었고 다음에 올 부처는 미륵불이다).

영적인 상호의존(성)

앞 절에서 대승불교의 수냐타(공[空;emptiness])는 만물에 생명을 주는 형상 없는 영적 잠재력으로 해석되었다. 이는 내가 논증해 온 일종의 이해로, 사람들 각자 속으로의 하나님의 입류라는 스베덴보리의 개념과 일치한다. 수냐타에 대한 이러한 접근 방법은 대승불교에 의하면 가장 고귀한 실체인 '다르마카야(법신[法身;Truth Body])'를 이해하기 위한 방법으로 특히 중요시되어 오고 있다. 『티벳 사자(死者)의 서(書)』에서도 이런 내용을 볼 수 있다.

바가바드기타: 고대 인도의 왕자인 아르쥬나와 그의 스승인 크리슈나와의 대화로 이루어진 경전, 수많은 성자를 배출한 인도의 정신적 지주이며 영혼의 울림인 바가바드기타는 간디가 매일 찬탄하면서 암송한 것으로 전해진다.

다르마카야: 법신으로 번역된다. 절대적 지혜의 지고한 상태, 즉 진리 그
자체를 가리킨다.

티벳 사자의 서: 원래 제목은 티벳어로 바르도 쉐돌이라 한다, 티벳불교
의 대성인으로 추앙받는 파드마 살바바의 저서이다. 라마 카지 다와삼톱
이 영어로 번역하고 에반스 웬츠가 주석과 해설을 받아 적어 1927년 옥
스퍼드대학 출판부에서 발행된 후로 서구세계에 엄청난 반응을 불러 일
으켰다.

그러나 이는 불교의 수냐타에 대한 유일한 이해가 아니었다. 그래
서 입류를 언급하는 것이·아니라 상호의존성(사물은 서로 다른 많은 현상
에 의존하며 스스로 존립할 수 있는 것은 전혀 없기 때문에 공이라는)을 논증
함으로써 사물들의 공(空)을 논한 나가르주나 자신이 이를 받아들일
수 있었는지의 여부에는 의심의 여지가 있다.

나가르주나 이후로 이와 같은 상호의존성의 중요성은 대승불교의
핵심적인 교리가 되었다. 사실 중국의 한 불교 종파인 화엄종의 핵심
적인 교리는 인드라망(Indra網)의 은유를 구사해 이 관계를 설명하고
있다.

저 멀리 위대한 인드라신(神)의 하늘 처소에는 온갖 방향으로
펼쳐져 있는 경이로운 그물이 쳐져 있다. 각 그물 '눈(eye)'에
는 번쩍거리는 보석이 하나씩 달려 있다. 그물 그 자체가 모

든 규모에서 무한하므로 보석들도 그 수가 무한하다. 반짝이
는 보석의 표면에 무한한 그물 속의 다른 모든 보석들이 반사
된다. 그럴 뿐만 아니라 이 하나의 보석에 비쳐진 하나 하나의
보석들 역시 다른 모든 보석들을 비쳐주고 있어서 끝없이 이
러한 반사과정이 일어나고 있다.

인드라망은 "그러므로 전체 우주 사이에서 무한하게 반복되는 상호
관계가 존재하는 우주를 상징한다." 하나 하나의 보석은 다른 모든 보
석들과의 관계의 기능에 다름없는 것이다. 그러므로 마찬가지로 그
자체 내에 다른 모든 보석들을 내포하고 있다고 말할 수도 있다. 전체
가 하나이고 하나가 전체인 것이다. 전체 세계가 하나하나의 사물에
포함되고 하나하나의 사물은 전체 세계의 현시(顯示)에 다름아닌 것
이다.

스베덴보리에게도 이와 비교할 만한 어떤 내용이 있을까? 유사점
을 찾기란 그리 어렵지 않다. 천국의 모든 영역들이 전체를 구성한다
(『천국과 지옥』, 59-67).—사실 큰 사람을 이룬다—지옥도 그러하다(『천국
과 지옥』, 553). 예컨대 천국인 그 큰 사람 안에서 갓난아기들은 눈의 영
역을 형성한다(『천국과 지옥』, 333). 각각의 천국 공동체는 단 한 명의 개
인이다(『천국과 지옥』, 68-72). 역으로 각 천사는 가장 작은 형태의 천국
이다(『천국과 지옥』, 53). 지옥과 지옥의 마귀들에게도 똑같은 관계가 유
지되고 있는 것으로 보인다.

화엄종: 화엄경을 소의경전으로 삼는 불교의 한 종파.

인드라망: 불교의 연기법(緣起法)을 상징적으로 표현해 주는 말로 불교의 세계관이라 할 수 있다.

그러나 불교에 있어서 상호의존성에 대한 이러한 두 번째 개념을 지니는 잠재적인 문제가 있으니, 이는 세상을 물질적인 세력간의 기계적인 관계로만 이해할 수 있고 법신과 화엄종이 설명하고자 하는 어떤 것이 아님이 분명한 것이다. 공을 입류로 이해하면 이런 문제점을 피해 갈 수 있다.

우리는 최종적으로 다음과 같은 두 가지 서로 다른 유형의 의존관계에 이르게 된다. 즉, 스스로 존재하지 않는 것들에 존재/생명을 주는 영적 잠재력의 입류에 대해 스스로 존재하지 않는 것들의 의존이 있고 또 다른 모든 사물들을 기능케 하는 것에 대한 하나하나의 사물의 유기적이거나, "생태학적인" 상호의존성이 그것이다. 중요하게 여겨지는 것은 두 가지 유형의 의존관계 모두가 대승불교와 스베덴보리 모두에게 중요한 사항이라는 것이다. 스베덴보리의 내세에 있어서 모든 것 속의 하나 그리고 하나 속의 모든 것이라는 상호 침투성은 자기사랑에 빠진 자들의 지옥을 포함하여 모든 영역에 스며 있는 하나님의 입류를 전제로 한다. 불교에서는 공에 대한 이러한 두 가지 해석이 때로는 서로 대립적이지만 스베덴보리의 통찰력은 그런 두 가지 해석이 서로를 배제할 필요가 없음을 상기시켜 주고있다.

의존성이나 상호의존성은 역동적으로 이해되어야만 한다. 시발 선상의 불교처럼 스베덴보리는 실체(불교의 svabhava), 자존(自存;self-existence)에 대한 과정(불교의 anitaya: 비영속성[impermanence])을 강조 한다. 존속은 지속적인 생겨남이다(『천국과 지옥』, 106). 존속한다는 것 은 끊임없는 생겨남이다(『천국과 지옥』, 9). 이는 스베덴보리의 거듭남 과 불교의 깨달음에 대해서도 진실이다. 거듭난 자는 일생을 통해 계 속 거듭나고 사후세계에서도 거듭난다. 천국은 성장해 가면서 더욱 더 '큰 사람'을 이룬다. 대부분의 불교 종파들은 깊이 깨달은 이들에게 도 지속적인 수행의 필요성을 강조한다. 끊임없이 수행의 깊이를 더 하고자 하는 욕망은 진정한 깨달음의 전조(前兆)이다. 선불교에는 석 가모니 부처님조차도 아직 미완의 단계에 있다는 말이 있다.

악의 결과(Consequence of Evil)

아마도 모든 것의 가장 명확한 대비는 악과 그 징벌에 대한 스베덴 보리의 설명과 함께하는 것일 수 있다. 이는 불교의 본래 취지에서 도 그러해서 스베덴보리의 설명은 카르마와 삼사라라는 불교의 교리 를 설명하는 데에도 이용할 수 있을 것 같다. 다시 스베덴보리의 설 명은 불교의 관점을 뚜렷하게 밝히는 데에도 도움이 되는 것 같다. 이 문제에 대해서 석가모니 부처와 그리스도처럼 스베덴보리는 의도 (intention)를 강조하고 있다(『천국과 지옥』, 508). 이런 식으로 악은 그 자 체의 징벌과 연관지어진다.

모든 악에는 그 악과 함께 하는 벌이 따른다. 악과 벌이 하나를 이루는 것이다. 그러므로 누구든 악 속에 있는 사람은 그 악에 대한 벌 안에도 있는 것이다. 그러나 다른 세상에서는 그 어느 누구도 이 세상에서 저지른 악으로 인한 벌을 받지는 않는다. 오직 행하고 있는 악을 이유로 벌을 받는다. 하지만 세상에서 행한 악으로 벌을 받는 것이나 그때 행하는 악으로 벌을 받는 것이나 똑같은 것이다. 왜냐하면 사람은 누구나 죽은 뒤에 자기 자신의 삶으로 되돌아가고 죽은 뒤에도 여전히 육신은 살아 있었을 때와 똑같기 때문이다. 그러나 선한 영은 세상에서 악을 저질렀다 해도 다시는 벌을 받지 않는다. 그들의 악이 되돌려지지 않기 때문이다. (『천국과 지옥』, 509)

주님께서는 어느 누구도 벌하지 않으신다. (『천국과 지옥』, 550)

죄는 그 자체의 벌을 지닌다. 그러므로 지옥과 선(善)도 그 자체의 보상을 지닌다. 그러므로 천국이다. (『천국과 지옥』, 9033)

이는, 사실상, 도덕적인 인과에 대하여 좀더 기계적인 이해를 지니는(대중불교에 공통된) 문제와 신성한 권위에 불복한 데에 대한 징벌로서의 지옥에 대한 좀더 사법적인(juridical) 이해를 지니는 문제를 (대중 기독교에 공통된) 모두 비켜가는, 카르마에 대한 정교한 설명이다. 스베덴보리의 핵심적인 통찰은, 사람들은 그들이 행하여 온 것이(have done) 아니라 되어 온(have become) 것에 대한 대가로 벌을 받기도 하고 보상을 받기도 한다는 것이다.

> 카르마: 업(業)이라 번역된다. 몸, 입, 뜻(身, 口, 意)으로 짓는 말과 동작과 생각하는 것과 그 세력을 말한다.
> 삼사라: 윤회라 번역. 사람이 죽은 뒤 그 업에 따라 육도(六道)의 세상에서 생사를 거듭한다는 것을 천명한 불교 교리의 하나.

그래서 우리가 의도적으로 행하는 것이 현재 있는 그대로의 나를 이룬다는 것이다. 그 점이 대부분의 경우에 있어서 이 세상에서 행한 악한 것과 내세에서 우리가 행하고 싶어하는 악한 일들 사이에 아무런 차이가 없는 이유이다. 이러한 융합은 업(業)이 거울 같은 우리의 순수한 자아를 흐리게 하는 일종의 도덕적 흠결로 이중적으로 이해된다면 아무런 의미를 지니지 못한다. 만일 내가 나의 의도나 주된 사랑의 상태에 있으면 큰 의미를 지닐 수 있다. 왜냐하면 그 때에는 그 주된 사랑의 계발이 중요한 영적 문제이기 때문이다. 후자의 경우에는 음식이 융합되어 나의 물질적인 육체를 다루는 것과 똑같이 나의 행위와 나의 의지가 나의 인격을 —말하자면 나의 영적인 육신을— 형성한다.

불교의 모든 종파들은 인간의 윤회의 중요성을 강조한다. 윤회는 특수한 상황에 대해 의도하고 반응하는 인간의 습관적인 방식인 정신적인 성향이다. 불교에서 윤회는 업의 수레바퀴이다. 윤회는 죽은 상태에도 남아 재생(再生)의 원인이 된다. 사실 윤회는 다시 태어나는 것이다. 부활되어야 할 순수한 자아가 없기 때문이다.

그런 정신적 성향은 어떻게 형성되는가? 이제 우리는 천국지향적인 생활을 보내는 것이 사람들이 생각하고 있는 것처럼 그리 어렵지 않다는 것을 이해할 수 있다. 어떤 것이 부정직하고 부당한 것임을 알면서도 거기로 영이 움직이는 일이 생길 때 사람들은 '하나님의 계율에 반하는 것이기 때문에 이렇게 하면 안 된다'라고 생각하면 된다는 사실이다. 사람이 그렇게 생각하는 데에 익숙해지고 따라서 그렇게 생각하는 것이 습관화되면 그는 결국 천국과 결합된다. 천국과 결합되는 일이 일어나면 좀더 높은 마음의 범위가 열린다. 또 그런 것들이 열릴 때 우리는 부정직하고 부당한 것을 이해하게 되고 그런 악을 이해하는 정도만큼 그 악을 물리칠 수 있다.

> 그러나 반드시 알아야 할 점은 사람이 의도적으로 악을 행할수록 위와 같이 생각하고 악을 거부하기가 점점 더 어려워진다는 것이다. 의도적으로 악을 행하는 정도만큼 사람은 그 악에 익숙해져서 더 이상 그 악을 식별하지 못하게 되며 마침내 그 악을 사랑하게 되고 그 사랑이 주는 즐거움 때문에 악을 변명하며 온갖 그릇된 생각으로 그 악을 확신하고 그 악은 행해도 되는 선한 것으로 단정하게 된다. (『천국과 지옥』, 533)

인간은 '유전악'으로 인해 고통을 겪는 것이 아니라 "그 자신에게 속한 자각된 악으로 인해—말하자면 그의 일상행위에 의해 자신의 것이 되어 버린 유전악의 양으로 인해—고통을 받는다."(『천국과 지옥』, 342) 이런 식으로 스베덴보리와 불교는 의도하는 자와 의도 그 자체의 뚜렷한 구분을 부정하는 업에 대한 심리학적인 해석을 제시하고 있다. 지금의 나는 지금 나를 지배하고 있는 의도이다. 이 말은 어떤 방식으로든 습관적으로 행동하는 것이 나를 구성하는 나의 것이라는 의미이다. 나쁜 윤회를—"나쁜 인격"을—지닌 사람이 그 자신임에도 불구하고 구원을 받지 못하는 것은 그러한 이유 때문이다. 그는 천국에서는 편안해질 수 없기 때문에 그곳에서 살 수 없는 그러한 윤리의 상태에 있기 때문이다. 그러므로 그런 사람들은 자발적으로 그들이 편한 곳으로 간다. 그곳에는 똑같은 윤회를 지닌 사람들이 생존하고 있다. 악한 사람들이 내세에서 고통을 겪는 한 가지 이유는 선한 사람들이 내세에서 축복을 받는 이유와 똑같다. 그들은 결국 그들과 똑같은 다른 사람들과 함께 살게 된다.

영의 세계(The Spirit World)

영의 세계(천국과 지옥 2부)에 대한 스베덴보리의 설명은 내세와 재생의 과정에 대한 티벳인들의 이해와 많은 유사점을 지니고 있다. 티벳인들이 이해하고 있는 것들은 여러 가지 불교 전승 중에서 가장 상세한 설명을 베풀고 있다. 그러나 이를 풀어나가는 데에는 몇 가지 문제가 있다. 『바르도 쉐돌 첸모』는 W.Y 에반스 웬츠에 의해 최초로 번역되어 『티벳 사자의 서』라는 제목으로 출판되어 세상에 널리 알려졌다. 이 책은 티벳 전승에 나오는 여러 가지 바르도 경전 중 유일한 것이다. 그 특별한 경전은 110명의 평화로운 신과 분노에 찬 신들과 관련하여 구성되어 있고 그러한 신들에 대한, 불분명한 상징들이 많은 부분을 차지하고 있기 때문이다.

이 난해한 도해법을 무시해 버리더라도 스베덴보리의 설명과 일치하는 죽음, 중간 삶, 그리고 재생에 대한 자세한 설명이 남아 있다. 둘 모두 인간의 마지막 생각의—달리 말하면 죽음의 순간에 활성화되는 특별한 윤회—중요성을 강조하고 있다(『천국과 지옥』, 444). 인간의 모든 윤회는 그의 물질적인 몸과 겹치는 정신적인 몸과 더불어 죽은 상태에도 남는다. "죽음 후에도 인간은 그가 살던 세상에서의 육신만 뒤로 남겨두고 그가 이 세상에서 지녔던 모든 감각, 모든 기억, 생각 그리고 애정을 그대로 지닌다(『천국과 지옥』, 48). 하나님도 어느 누구의 얼굴을 돌려세우지 못하시고 어느 누구도 지옥으로 던지지 않으신다 (『천국과 지옥』, 545). 그러므로 법신의 광휘는(스베덴보리가 설명하는 천국에 나오는 신성한 태양과 비교할 수 있는 본래 청정한 빛으로 경험되는) 우리 자신의 공(空)한 마음에 다름 아닌 것으로, 어느 누구도 거부하지 않는다. 둘 모두에는 하나님/법신의 면전에서 발생하는 자기판단이라는 것이 있는 바 그러한 판단 속에 우리의 윤회/주된 애정의 진실한 본질이 스스로에게 드러내어진다. 바르도 전승에서도 선하고 현명한 이들은 순수하고 형태 없는 법신에 이끌리며 경전은 이들에게 법신과 하나가 될 것을 재촉한다. 그러나 법신도 우리의 모든 업을 비추어 반영하는 까닭에 덜 착한 이들은 법신의 거부를 당하고 그들의 주된 업과 상응하는 윤회의 영역으로 이끌려 간다.

스베덴보리는 주님의 자비에 한계가 있음을 강조하고 있다. 주님의 직접적인 자비에 의해 천국으로 들어가는 사람은 아무도 없다(『천국과 지옥』, 521-527). 왜냐하면 주님은 주님 그 자체이신 신성한 질서를 위반하지도 않고 또 위반할 수도 없기 때문이다(『천국과 지옥』, 523). 이러한 자비는 각 개인과 한결같이 함께하면서 결코 물러나 버리지 않으므로 구원될 수 있는 사람은 모두 구원된다. 그러나 그들의 주된 애정이 악인 사람들은 자신들의 입류를 막도록 배워 온 사람들이다. 바르도의 중간 영역에서는 부처라도 어디로 가려는 누군가를 멈추어 서게 할 수 없다. 왜냐하면 (스베덴보리가 표현하고 있는 것처럼) 그들이 그 이끌림이나 애정 그 자체이어서 그런 이끌림이나 애정을 근절시키지 않으면 멈추어질 수 없기 때문이다(『천국과 지옥』, 527).

그럼에도 불구하고 몇 가지 중요한 차이점이 있다. 스베덴보리에게 있어서 영의 세계는 일종의 중간 세계이다. 사람들이 그곳에서 '황폐해지기' 때문이다. 말하자면 사람들이 그들의 내적인 요소와 일치할 때까지 외적인 요소가 변화되어야만 한다(『천국과 지옥』, 426). 인간의 가장 깊은 단계는 더 이상 개혁될 수 없지만 외적인 요소는 우리의 사고방식과 감정이 우리의 가장 깊은 의지와 일치할 때까지 점진적으로 질서를 잡아가야만 한다. 그러나 '사후 세계의 중간 상태에서 듣는 것으로 영원한 자유에 이르기'라는 『티벳 사자의 서』의 제목이 의미하는 바와 같이 바르도의 전제 조건은 중간세계에서도 어떤 자유를 행사하는 것이 가능하고 업의 작용에도 불구하고 이 문제에 있어서 어

—

떤 선택이—아마도 한 가지 이상의 '주된'사랑이 있을 수 있는 까닭에—있을 수 있다는 것이다.

나로서는 이런 차이를 해명할 수 있는 두 가지 방법을 생각할 수 있다. 있다. 한 가지는 바르도 쇄돌이라는 책을, 살아남은 사람들로 하여금 그들이 할 수 있는 동안에 그들의 삶을—그들의 윤회를—개혁하도록 고취시키는 방법으로 죽은 사람보다는 오히려 살아 있는 자들을 의도한, 다소 독창성이 떨어지는 것으로 이해하는 것이다. 정화(淨化)된 문상객들에 둘러싸여 시신 곁에서 바르도 쇄돌을 입으로 읽는 것은 분명히 이러한 기능을 돕는 것이지만 그것을 바라보는 또 다른 방법이 있다. 나는『천국과 지옥』에서 인간의 주된 사랑은 영원히 바뀔 수 없다고(『천국과 지옥』, 477ff) 강조하는 반면에 새로운 영들에게 영향을 주려는 천사들의 시도를(『천국과 지옥』, 450) 설명하는, 그런 면에는 어떤 모순이 있지 않은가라고 생각한다.

그러한 천사들의 노력도 인간의 주된 사랑에 (그러므로 천국이나 지옥에서의 우리의 궁극적인 지위에) 어떠한 영향도 끼치지 못한다면 수포로 돌아갈 것이다. 우리가 언제나 단 하나만의 주된 사랑을 지니고 사는지의 여부도 토론해 볼 만한 것으로 보인다. 어떤 경우, 또는 많은 경우에 두 가지, 또는 그 이상의 애정이 평생 동안, 아니 죽음 뒤에도 서로 다툴 수도 있는 것으로 보인다. 어쩌면 스베덴보리의 책은 솔직하지 않을 수도 있다. 강조점의 차이는 도덕성과 통찰을 구분하는 데에서 나오는 결과이다. 도덕성과 통찰은 밀접하게 관련되어 있지만 이 두 가지가 구분될 수도 있다는 점에서 '지혜 전승'으로서의 불교는 지

—

혜를 더 강조하고 스베덴보리는 도덕성을 강조한다.

이런 차이가 그 자체를 증명해 보이는 한 가지 방식은 불교에서 '천국'을 윤회의 여섯 영역 중의 한 영역으로—즐겁지만 (어디까지나) 자기만족적인 영역이어서 우리들 인간의 현재의 영역만큼 즐거운 곳이 아닌—그리고 니르바나라고 하는 해탈(解脫)을 구분하는 것이다. 불교의 관점에서 보면 선한 업도 그것이 기계적으로 작용하는 범위 내에서는 성가신 것이 된다. 인간을 모든 업에서 자유롭게 해 주고 그럼으로 해서 윤회의 모든 영역에서 벗어나게 해 주는 지혜가 더 좋은 것이다. 그 좋은 예가 죽은 후에 새로운 영이 법신불의 순수한 광휘에 부딪혔을 때 일어나는 제반 현상에 대한 바르도 쉐돌의 이해이다. 새로운 영은 흰 빛이 자기 자신이라는 것을 깨달음으로써 그 빛과 합일하도록 조장된다. 이에 견주어보면 선한 업을 나타내는 가장 숭고한 평화의 신도 조금 더 고급스러운 망상의 형태에 지나지 않는다. 스베덴보리에게서는 이러한 구분을 찾아볼 수 없다.

이러한 구분은 스베덴보리와 불교의 가장 중요한 차이를 깊이 생각케 하고 또 어떤 점이 어떤 융합에 의심의 여지가 없는 주요한 장애인지를 깊이 생각하게 한다. 사후의 극적인 사건에 대한 스베덴보리의 기독교적인 개념은, 인간의 주된 사랑은 영원히 바뀌지 않기 때문에(『천국과 지옥』 477, 480), 현재의 삶을 천국이나 지옥으로 가게 되는 단 한번의 기회가 주어지는 준비기간으로 이해하고 있다는 점에서 정통적이다. 대조적으로 불교의 모든 종파는 여섯 개의 윤회의 영역 중의 천(天;heaven), 신(神;titan), 인(人;human), 아귀(餓鬼;hungry ghost), 축생

(畜生;animal), 지옥(地獄;hell), 한 가지 재생(再生;rebirth)으로 니르바나에 대한 대안을 이해하고 있다. 그러한 재생에는 인간으로 되돌아 오는 가능성도 내포되어 있다. 그러나 이러한 차이조차도 바르도 쉐돌의 구절이 영에게 가고 싶은 곳으로부터 도피하는 것이 절대 불가능하다고 경계하고 있다는 사실로 인해 복잡해진다.

바르도 쉐돌의 구절은 영에게 "지금이 잠시라도 게으름 속으로 미끄러져 들어가면 영원히 고통을 받게 될 그 때인 것이다. 그곳으로 가면 지옥으로 들어가 다시는 벗어나지 못할 그곳에서 열기와 한기가 교차되는 견딜 수 없는 고통을 겪게 될 것이다."라는 경고를 보낸다. 그러나 이론적으로 우리들 자신의 마음이 공(空)하다는 것을 깨닫는다면 우리가 어디에 처해 있든 도피는 항상 가능하다. 스베덴보리에 있어서의 상응하는 경험은 주님의 입류에 우리들 자신의 내면을 활짝 열고 또 우리의 주된 사랑을 전환함으로써 지옥에서조차 거듭날 수 있을 것이다. 그러나 스베덴보리는 신성한 사랑은 어느 누구로부터도 물러나지 않는다는 사실에도 불구하고(『하나님의 섭리』 330) 그런 가능성을 허용하지 않는다.

살아 있는 상응(Living Correspondences)

마지막 비교(比較)로 스베덴보리의 상응과 표상이라는 교리를 간략히 고찰해 보기로 하겠다. 이 교리는 내세의 이상주의에 대한 해설로 구성되어 있다. 내세가 여러 방식으로 이 해석과 비슷하긴 하지만 그곳의 사물들은 고정되어 있거나 부동의 상태에 있지 않다. 사물들을 지각하는 천사들에 따라 사물들의 상태가 변하기 때문이다. 천사들이 떠나면 사물들은 사라진다(『천국과 지옥』, 173-ff).

내면에 상응하는 모든 것들은 그 내면을 있는 그대로 나타내기 때문에 그것들을 표상(表象)이라고 한다. 또 그것들은 내면의 상태와 일치하여 각각의 경우에 서로 다르기 때문에 외현(外現)이라 한다. 그렇다 하더라도 천국의 천사들의 눈 앞에 나타나는 것들과 그들의 여러 감각에 의해 지각되는 것들은 우리가 지상에서 지각하는 것과 마찬가지로 생생하며 오히려 훨씬 더 뚜렷하고 명료하며 지각적이다(『천국과 지옥』, 175).

어떠한 불교 철학자에게도 이 말은 유식학파(唯識學派;Yogâcâva)로 알려진 불교 종파의 내용과 매우 비슷한 것으로 들릴 수 있다. 이 종파는 나가르주나의 법신과 더불어 대승불교의 다른 중요한 철학적인 종파로 이 두 종파의 내용은 서로 일치한다. 스베덴보리가 상세한 설명을 베풀고 있는 상응과는 대조적으로 유식학파는 나로서는 별로 흥미롭지도 않은 추상적인 수준의 문제점을 언급하고 있다. 바르도 쇄돌과의 대비에서 오히려 더 명확한 점을 볼 수 있다. 바르도 쇄돌은 사후의 모든 경험을 마음이 투영된 이미지로 이해하고 저 세상을 이 세상의 삶의 업(業)에 따라 상응하는 이미지로 이해하고 있다.

바르도 쇄돌에 의하면 죽음에 이어 중간 상태(bar-do)에 나타나는 그런 환영(幻影)에 대한 설명은 원시적인 민간전승도 아니고 신학적인 고찰도 아니라는 것이다. 이 설명은 초자연적인 존재의 출현에는 관심이 없고 명상의 창조적인 국면에서 생성되는 내적인 과정, 경험, 그리고 마음의 상태의 가시적인 투사(投射)나 이미지에 관심을 두고 있다.

바르도 영역의 문제는 우리 자신의 마음의 업에 의한 투사(投射)로 나타나는 평화로운 신들과 분노하는 신들을 인정하는 것이다. "만일 경전에서 지식인들의 적대적인 형태로 항상 언급되고 있는 우리의 눈을 속이는 환상적인 이미지들의 유혹이 우리 자신의 마음의 공허한 창조물로 인식되어 이를 깨닫게 된다면 우리는 즉시 해탈에 이르게 될 것이다."

이미 살펴본 바와 같이 차이점은 바르도 쉐돌은 해탈에 이르게 하는 법신의 밝은 빛에 이르기 위해 죽은 자가 그런 이미지와 관계를 갖지 않는다고. 주장하는 반면에 스베덴보리의 천사들은 그들의 애정에 따라 항상 변화하는 정신세계에서 행복하게 살고 있다는 것이다. 아마도 이들간의 공통된 근거는 어느 쪽의 영도 우리 세계의 사물들이 실제로 존재하는 것이라는 믿음, 윤회적인 집착과 망상들이 그러한 것들에 고착하도록 우리를 자극할 때 일어나는 망상으로서의 상응에 속아넘어가지 않는다는 점일 것이다. 속여야만 하는 자는 속일 수 없는 반면에 사물들이 상응이라는 것을 아는 사람들은 그런 덫에 걸리지 않고 상응 속에 있게 된다.

타타르 제국의 비밀

위의 대비가 참되다면 이 대비는 결코 무시되어서는 안 되는 결론적인 의문을 제기한다. 불교와 스베덴보리의 교리가 이런 식으로 그처럼 비슷한 이유는 무엇인가? 독자들 스스로 노력하여 풀어낼 수 있는 여러 가지 가능성이 있지만 특히 한 가지 세부적인 사항만큼은 언급해 두어야 할 가치가 있다. 스베덴보리는 저 세상으로의 여행을 통해 불교를 알게 되었을까? 그의 방대한 저술 속에서 가장 흥미로운 언급 중의 하나는 고대교회의 교리가 간직되어 있는 '타타르 제국'에 대한 언급이다.

나는 그곳으로부터 온 영과 천사들과 이야기를 나누었다. 그들은 고대로부터 전해져 온 말씀을 지니고 있다고 말했다. 그리고 '순수한 상응으로 구성되어 있는' 이 말씀에 따라 하나님에 대한 그들의 경배가 행해진다고 말했다. 그들은 어떤 천사들은 보이지 않는 하나님으로, 또 어떤 천사들은 보이는 하나님으로 여호와를 경배한다고 말했다. 게다가 그들은 중국인을 제외한 어떠한 외국인도 그들에게로 오는 것을 허락하지 않는다고 말했다. 중국의 황제가 그들의 나라 출신이기 때문에 중국인들과 함께 평화를 구한다고 말했다… "그것을(고대로부터 전해져 온 말씀) 중국에서 구해 보십시오. 아마도 타타르인들 가운데에서 그것을 찾게 될 것입니다." (『계시록열림』, 11;my emphasis)

타타르제국: 타타르제국은 아시아 북단에 있던 비밀스런 거대 제국으로 워낙 넓어 지역에 따라 각기 다른 이름으로 불리었다. 1771년에 발행된 대영제국 백과사전에 의하면 서부 시베리아, 동부 시베리아, 그리고 극동 지역을 포함하는 지역의 위대한 타타르를 중심으로 동남쪽에는 차이니스(Chinese) 타타르, 아래 쪽에는 인디펜던트 타타르가 있었고 차이니스 타타르의 북서와 남서쪽에는 티벳 타타르가, 그리고 인도 북쪽에는 몽골리언 타타르(무굴 제국;현재의 파키스탄)가 있었다고 한다. 유감스럽게도 스베덴보리가 천사에게서 들은 타타르인들은 어느 지역의 타타르인들인지 정확하게 알 수는 없지만 추측이나 짐작은 충분히 가능할 것 같다.

이 말은 무엇을 언급하고 있는가 그리고 어느 곳을? 앤더스 할렌그렌은 「타타르제국의 비밀」이라는 그의 논문에서 이 문제를 검토하고 있다. 그는 역사적인 증거를 검토하고 난 후 가장 개연성이 높은 증명은 몽고와 티벳의 불교라고 결론을 내렸다(중국의 원나라를 세운 쿠빌라이 칸이 13세기에 티베트 고승에 의해 불교로 개종한 이래로 몽고의 불교는 티벳 불교의 변형이 되었다). 여기에 나는 그들의 경배가 '순수한 상응으로 구성된다'는 흥미로운 사실에 대해 한 가지 사항을 추가할 수 있다. '순수한 상응으로 구성된다'는 이 말은 무엇을 의미할 수 있을까? 티벳과 몽고의 금강승(Vajrayana;金剛乘)은 만다라(mandaras;복잡한 시각적 이미지, 보통 그림) 만트라(mantra;짧은 주문) 무드라(mudrâs;손 동작) 등과 같은 명상적인 수행을 하는 대승 형식이다.

—
205

예를 들어 만다라의 경우 수행자는 만다라의 시각적인 형상을—사실상 이는 좀더 분명해질 수 있도록 언급된다.—그들의 마음의 눈에 완전히 재현할 수 있을 때까지 그 형상을 보고 명상을 한다. 마지막으로 수행자는 그려진 신들과 합일한다. 이들 신들은 수행자 자신의 불성을 표상하는 것이다. 대부분의 만다라의 복잡한 상징성은 대부분의 불교 철학자들의 이론적인 관심에는 적절치 않지만 명상 수행자들에게는 반대로 진실한 것이다. 탄트라는 그것이 비개념적인 상징 체계이기 때문에 원래 비교적(秘敎的)이다. "만다라는 우주를 소우주화한 이미지이다." 무엇보다 만다라는 우주의 지도이다. 만다라는 그 본질적인 계획에 있어서, 발산과 재흡수의 과정에 있어서 전체 우주이다. 이는 이러한 이미지를 구사하는 명상이 스베덴보리가 언급하고 있는 순수한 상응일 수도 있음을 의미한다. 나는 이러한 가정을 어떻게 평가할지 모르고 있지만 앞으로도 그런 이미지를 "단순한 도상학(圖像學)"으로 치부해 버리고 싶지는 않다.

금강승: 인도와 인도 접경 국가, 특히 티벳에서 독특하게 발전한 불교 형태. 탄트라 불교(밀교)라고도 한다.

만다라: 만다라는 기본적으로 우주를 상징한다. 즉 신들이 머무르고 있는 신성한 곳이며 우주의 힘이 응집되는 곳이다. 태장계와 금강계로 구분된다.

만트라: 진언(眞言;참된 진리의 말)이라 번역된다. 영적 또는 물리적 변형을 일으킬 수 있다고 여겨지는 발음, 음절, 낱말 또는 구절을 의미한다.

무드라(手印): 모든 불, 보살의 서원을 나타내는 손의 모양.

결론

지금까지 필자로서는 스베덴보리 신학과 불교에서 볼 수 있는 호기심을 유발하는 대비점 몇 가지만을 언급하는 것이 가능했을 뿐이다. 그럼에도 불구하고 스베덴보리가 동시대의 기독교와 불교의 대화에서 중요한 다리 역할을 할 수 있다는 주장을 하기에는 충분했다. 그의 신학의 핵심을 형성하는 하나님의 사랑과 지혜에 대한 스베덴보리의 거듭된 강조는 기독교와 불교의 관계에서 재현되고 있다. 기독교와 불교는 각기 사랑의 방법과 지혜의 방법을 강조하고 있다. 그래서 스베덴보리와 불교 모두가 강조하듯 각각의 방법은 상대방의 다른 방법을 수반한다. 나는 스베덴보리와 불교가 서로를 밝혀 줄 수 있는 방법을 제시했기를 바란다. 특히 세계에서 가장 풍성한 명상 기법과 수행 기법을 지니고 있는 불교는 스베덴보리의 웅대한 형이상학적 체계가 너무나 상세히 설명하고 있는 영적 입류를 직접 깨닫기 위해 스스로를 '놓아버리는' 방법에 대한 좀더 정밀한 안내를 구하는 스베덴보리주의자들에게 많은 것을 제공할 수 있다.

유감스럽게도 우리는 스베덴보리의 종말론(終末論;eschatology)이 현재 주류를 이루고 있는 기독교 전승에 의해 무시되어 왔다는 똑같은 이유로 인해 스베덴보리가 놓은 다리가 많은 역할을 하리라고 기대할 수 없다. 내세와 현세에 대한 그의 장엄한 개념은 그 자신의 특별한 영적 경험에 너무 의존하고 있어서 극소수만이 스스로 그 경험을 확신할 수 있을 것으로 보인다.

천국과 지옥을 가 보지 못한 필자로서는 천국과 지옥이 존재한다면 스베덴보리가 설명한 방식으로 기능할 수 있기를 희망할 수 있을 뿐이다. 만일 우주가 스베덴보리가 설명한 방식으로 기능하지 않는다면 그도 어쩔 수 없지 않겠는가.

종말론: 세계의 거의 모든 종교에는 종말론적 주제가 들어 있다. 역사의 종말, 죽은 자의 부활, 최후의 심판 및 이와 관련된 주제에 대한 믿음과 관계되어 있다. 20세기의 기독교의 종말론은 다양한 갈래로 나뉘지만 궁극적으로 하나님의 피조물 구원을 바라는 신앙을 본질상 종말론이라고 보는 점에서는 의견이 일치한다.